KB218049

근본 중송

근본 중송

根本中頌

मूलमध्यमककारिका

Mūlamadyamakakārikā

དབུ་མ་རྩ་བ

dbu ma rtsa ba

용수 지음 | 신상환 옮김

도서출판 b

| 차 례 |

시간의 나이테, 그리고 경론의 힘

한역 경전권에 속한 우리에게 알려진 『중론中論』은 청목靑目 [Piṅgala, 4세기?]이라는 신원 미상의 인물이 지은 『근본 중송根本中頌』의 주석서를 걸출한 역경사인 꾸마라지바鳩摩羅什[Kumārajīva, 344-413]가 한역한 책을 가리킨다. 그렇지만 원래 '논論', 즉 '샤스뜨라śāstra'는 부처님께서 직접 이르신 경經[sūtra]의 풀어쓴 글을 뜻한다.

소실된 것으로 알려진 『근본 중송』, 즉 '무라마디야마까 까리까mūlamadyama kakārīka'는 월칭月稱[Chandrakīrti, 600-650]의 『근본 중송』 주석서인 『쁘라산나빠다Prasannapadā』의 산스끄리뜨어 본과 티벳역본에, 그리고 한역의 『중론』에 남아 있는 까리까 kārīka, 즉 노래인 송頌을 가리킨다.

아무 생각 없이 그저 내려오던 전통에 따라 『중론』을 대했던 우리는 지금까지 노래를 풀어쓴 산문을 읽었지, 노래 그 자체를 읽지 않았던 셈이다. 이 책은 '무라마디야마까 까리까'의 티벳역본인 '우마 짜와dbu ma rtsa ba'를 우리말로 직역한 것이다. 원래 게송으로 한역한 '슈로까śloka'는 시가詩歌를, 그리고 까리까는 노래를 뜻하니 본래의 '글맛'인 독송은 노래로 읽고 그 느낌을 음미하는 것이다. 용수의 『근본 중송』은 원래 이런 목적으로 지어졌다. 그렇지만 그 내용이 너무 어려워 여러 주석이 시대를 관통하며 이어져 왔다.

2018년 5월, 10년의 작업 끝에 『중관이취육론中觀理聚六論』을 출판하면서 여러 주석서와 논문 등을 참조하면서 이 책을 완역한 적이 있다. 당시 계획은 티벳역과 한역 대장경에 남아 있는 『중론』 8대 주석서를 옮기는 작업으로 곧장 들어가는 것이었다. 그렇지만 그 이전에 써두었던 여러 잡문을 출판하고 중관 연구자가 아니면 정확한 의미를 파악하기 어려운 샨띠 데바의 『입보리행론』, 「제9 지혜품」의 역경과 해제 작업을 하며 잠시 한눈을 팔게 되었다.

이 기간에 실상사 회주인 도법 스님과 여러 번 법담을 나누었다. '중도'의 중요성을 강조하는 스님은 '21세기' 『중론』 해석의 필요성에 대해서 종종 언급하시고는 했다. 이것이 직접적인 원인은 아니지만 8대 주석을 관통하는 어떤 통일적인 입장이 필요하다는 생각이 들었다. 즉, 8대 주석서 역경 작업에 앞서 산스끄리뜨어 원문과 티벳역, 그리고 한역 주석서를 통일한 『중론』 광석廣釋을 써, 지금까지 이어져 온 여러 주석서의 통합 작업을 하고 난 이후에야, 제대로 된 주석의 역사를 두루 살펴볼 수 있을 듯싶었다.

애초 티벳어 원문을 직역할 때, 로만 표기와 함께 총 1,322개의 각주를 달아, 번거로움을 무릅쓸지라도 원문의 의미를 충실하게 이해할 수 있도록 했다. 그렇지만 이 작업은 독자들에게 되새김질하는 소처럼 한 게송, 한 게송을 읽는 데 고역을 강요하는 불친절함을 안겼다.

'시간의 나이테가 쌓이듯 무르익는'

이 한 줄을 두고 게송의 정확한 의미와 독송하는 재미를 두고 고민하고 있을 때, 1990년대 초 구로노동자문학회 시절부터 함께 시를 논했던 도서출판 b의 사장이자 시인인 조기조 형이 '역경사가 시인 흉내를 내고 있다'라며 핀잔을 주었다. 이 '핀잔'이 시가의 정확한 의미는 글의 정확한 의미가 아닌 그 글을 읽는 이들의 느낌을 통해 줄 수 있는 감동의 여지를 살려야 한다는 생각을 강하게 가져다주었다.

자신이 읽는 자기만의 『근본 중송』에 대한 감명이 깊어지면 자세한 주석을 읽을 것이고, 그 느낌이 궤변처럼 느껴지면 그것만으로도 자신의 문제가 무엇인지 알 수 있게 해줄 것이다. 그러니 한 번쯤 아무런 사전 지식 없이 『중론』의 게송을 한 맛一味으로 읽어보는 것도 나쁘지 않다.

그렇지만 이 글을 읽는 독자들은 다음과 같은 불편을 감수해야 한다. 앞에서 한 번 언급된 한자 등 외래어는 다시 언급하지 않는 게 일반적인 교정 원칙이지만, 게송을 끊어 읽는 강조의 표현으로 뒤따라 나오는 자성自性·업業·번뇌煩惱·무명無明 등의 한자 병기를 때에 따라 생략하지 않은 대목도 있다.

문장 부호 가운데 '(~)'는 게송의 축약으로 인해 원문에 생략된 첨언이고, '[~]'는 원문의 이해를 위한 필자가 정리한 한자 병기나 불교 용어 등이다. 문장을 이루는 조사 등도 '(~)'로 덧붙여 같이 읽어야 한다. 【귀경게】의 예를 들면 다음과 같다.

무언가에 의지하여 생겨난 것[緣起](이기에)
소멸함이 없고[不滅] 생겨남이 없고[不生]
그침이 없고[不斷] 항상함이 없고[不常]
오는 게 없고[不來] 가는 게 없고[不去]

다른 의미가 아니고[不異] 같은 의미가 아닌 것[不一]이니
희론戱論이 적멸하여 적정(한 상태에 머물 수 있는) 가르침

정등각자正等覺者의 말씀들의
진리, 그것에 경배하옵니다.

이 가운데 '생겨난 것[緣起](이기에)'이나 '적정(한 상태에
머물 수 있는)'이란 대목의 괄호 표시는 같이 읽어야 의미가
통하고, '생겨난 것[緣起]' 등의 한자 병기는 굳이 소리 내어
읽을 필요가 없는 부분이다.

최소한 3년이 걸려야 다음 작업의 결과물이 나올 것이기에,
『중론』을 대하는 '현재적 고민'을 따로 나눌 데가 없어, 이전
에 『불교평론』에 썼던 「오늘 왜 중도 철학이 필요한가」의
중관적 사유의 파편들을 「부록」으로 싣는다.

코로나 시국 속에서도 꾸준히 책을 내는 도서출판 b의 식구
들에게 감사를 전한다.

지산재에서
담정澹程 신상환 합장

제1품 연緣에 대한 고찰

【예경문】

삼보에 경배하옵니다.

성스런[聖] 문수보살에게 경배하옵니다.

아짜리아 성스런 용수에게 경배하옵니다.

【귀경게】

[1]

무언가에 의지하여 생겨난 것[緣起](이기에)

소멸함이 없고[不滅] 생겨남이 없고[不生]

그침이 없고[不斷] 항상함이 없고[不常]

오는 게 없고[不來] 가는 게 없고[不去]

[2]

다른 의미가 아니고[不異] 같은 의미가 아닌 것[不一]이니

희론戲論이 적멸하여 적정(한 상태에 머물 수 있는) 가르침

정등각자正等覺者의 말씀들의

진리, 그것에 경배하옵니다.

[3 (1-1)]

(그) 자신으로부터도 아니고 다른 것으로부터도 아니고

둘로부터도 아니고 (원)인 없는 것(으로부터도) (생겨난

게) 아니다.

그 어떤 사태事態[bhāva]들이라도 어느 곳에든

생기는 것[發生]은 결코 존재하지 않는다.

[4 (1-2)]

연緣에는 네 가지가 있으니 바로 인연因緣과

연연緣緣과 차제연次第緣 (그리고)

바로 증상연增上緣 등과 같은 것이니

다섯 번째 연 따위는 존재하지 않는다.

[5 (1-3)]

사태들의 바로 그 자성은

연緣들에 존재하지 않는다.

자신의 사태가 존재하지 않는다면

다른 사태 (또한) 존재하지 않는다.

[6 (1-4)]

작용은 연緣을 갖춘 게 아니다.

연을 갖추지 않은 작용은 없다.

작용을 갖추지 않는 (것은) 연이 아니다.

작용을 갖춘 존재하는 것이 있어

[7 (1-5)]

이것들에 의지하여 생겨나면[發生]

그 때문에 이것들을 연이라고 부른다.

생겨나지 않는[不生] 동안에는

이것들이 어떻게 비연非緣이 아니겠는가?

[8 (1-6)]

존재하지 않거나 존재하는 사물에 대해서도 또한

바로 이 연이라는 것은 (그 성립이) 가능한 것이 아니다.
왜냐하면

존재하지 않는다면 (그) 무엇의 연으로 되고

존재한다면 (이) 연이 무엇을 하겠는가?

[9 (1-7)]

현상[法]이라는 것이 (성립할) 때, 바로 (그때 인연이) 존재하
는 것이거나

존재하지 않는 것이거나 존재하면서도 존재하지 않는 것

이 성립하는 것이 아니다.

이처럼 성립한 것을 (어떻게) 인(연)이라 말할 수 있겠는가?

그와 같다면 (그것은) 불합리한 것이다.

[10 (1-8)]
존재하는 이 현상[法]은 바로 그 (소연의) 대상이
존재하지 않는 것일 뿐이라 일컬어진다.
만약 바로 이 현상에 (소연의) 대상이 존재하지 않는다면
연연[緣緣]이 존재한다는 것이 어떻게 (가능하게) 되겠느냐?

[11 (1-9)]
현상[法]들이 생겨난 것[發生]이 아니라면
(그것이) 사라지는 것[滅]은 옳지 않다.
그 때문에 차제(연)은 불합리하다.
사라지는 것이라면 (차제)연 또한 무엇이겠느냐?

[12 (1-10)]
사태(들)이란 무자성한 것들의
존재이기 때문에 (이것들이 진실로) 존재하는 것이 아니라면
"이것이 있기에 이것이 생겨난다"라는
바로 이 언급은 옳지 않다.

[13 (1-11)]

연들(이라는 것)이 각각(이거나) 모여 (있건) 간에

바로 그 과果는 존재하지 않는 것 자체다.

바로 (그) 연들에는 아무것도 존재하지 않는 것(이기 때문에)

바로 그 연(들)로부터 무엇이 생겨날 수 있겠는가?

[14 (1-12)]

그와 같이 바로 그것[인과의 관계성]이 존재하지 않아도

그 연들로부터 (과가) 생겨나게 된다면

연이 아닌 것들로부터도

왜 (과가) 생겨나지 않겠는가?

[15 (1-13)]

과果가 연의 자성이라면

연들의 자기 자성이 (존재하는 것이) 아니다.

자기 (자신의) 사태가 아닌 것으로부터 어떤 과果가

바로 그것이 (생겨난다면) 어떻게 (그것이) 연(의) 자성(이겠는가)?

[16 (1-14)]

그러므로 연의 자성(에 따른 과)는 (존재하는 것이) 아니다.
비연非緣의 자성(에 따른) 바로 그 과(도)
존재하는 것이 아니다. 과(의) 자성이 존재하지 않는다면
비연非緣(이나) 연에서 (발생한 과가) 어떻게 (존재하게) 되
겠느냐?

'연을 살펴보는 것'이라 불리는 제1품.

제2품 가고 오는 것[去來]에 대한 고찰

[17 (2-1)]
지금, 가버린 것은 가는 것이 아니고
가버리지 않은 것 또한 가는 것이 아니다.
가버린 것과 가지 않은 것을 배제한
지금 가고 있는 중인 것은 이해되지 않는다.

【문】
[18 (2-2)]
움직이는 것, 거기에 가는 것이 (있다).
또한 그 어떤 지금 가고 있는 중인 것에는
(그) 움직이는 것이 가버린 것도 아니고 가버리지 않은
것도 아니다.
왜냐하면 지금 가고 있는 중인 것에 가는 것이 있기 때문이
다.

【답】
[19 (2-3)]
'지금 가고 있는 중인 것에 가는 것이 있다'는 바로 (이것이)

어떻게 옳겠는가?
(왜냐하면) 가지 않는 것일 때
지금 가고 있는 중인 것(이 있다는 것)은 옳지 않기 때문이다.

[20 (2-4)]
(또한) 지금 가고 있는 중인 것에 가는 것의 (경우에는),
그것의 (경우에는) 지금 가고 있는 중인 것에 가는 것이
없는
과실過失이 (발생하게) 된다. 왜냐하면
지금 가고 있는 중인 것에 가는 것이 있기 때문이다.

[21 (2-5)]
'지금 가고 있는 중인 것 가운데 바로 (그) 가는 것이 있다면
가는 것이 두 개다'라는 과실이 (발생하게) 된다. 왜냐하면
(그) 어떤 것이 그 지금 가고 있는 중인 것으로 되었고
그것에 (그) 어떤 가는 것이 되기 (때문이다).

[22 (2-6)]
'가는 것이 두 개다'라는 과실過失이 (발생하게) 되면
가는 자 또한 둘로 된다.
왜냐하면 바로 가지 않는 자가

가는 것은 옳지 않기 때문이다.

[23 (2-7)]
만약 가지 않는 자라면
가는 것은 옳지 않다.
가는 것이 없다면 가는 자
자체로 존재한다는 것이 어떻게 (가능하게) 되겠느냐?

[24 (2-8)]
지금 가는 자는 가지 않는다.
가지 않는 자가 가는 것(도) 아니다.
(그렇다면) 가는 자(와) 가지 않는 자를 제외한
제3의 누가 가겠는가?

[25 (2-9)]
바로 (그) 가는 것이 없는 것을
가는 자라는 것이 옳지 않을 때
"지금 가는 자가 간다"라는 것이
어떻게 옳은 것 자체로 되겠는가?

[26 (2-10)]

어느 쪽으로든 가는 자(가)

그 (쪽으로) 가는 것을 '가는 것이 없는

가는 자이다'라는 것은 과실過失(이다.) 왜냐하면

(지금) 가는 자(가) 가는 것을 바란다는 것이기 때문이다.

[27 (2-11)]

만약 가는 자가 가는 것이 되었다면

'가는 것이 두 개다'는 과실過失이 된다. 왜냐하면

어떤 이가 가는 자라고 말해진 것과

(그) 가는 자로 되었던 것으로부터 무언가 (다시) 가는 것이

(생기기 때문이다).

[28 (2-12)]

가버린 것에는 (그) 가는 것의 출발이 없다. 그리고

(아직) 가버리지 않은 것에도 가는 것의 출발이 없다.

지금 가고 있는 중인 것에 출발이 없다면

어디에서 가는 것이 출발하겠는가?

[29 (2-13)]

가는 것이 출발하는 것의 이전以前이라면

어디에서 가는 것이 출발하는 것으로 되겠는가?

지금 가는 중인 것(에도) 없고 가버린 것(에도) 없다.

(그리고) 가버리지 않은 것(에서) 가는 것이 어떻게 존재할 수 있겠는가?

[30 (2-14)]

'가는 것의 출발이 어디에서나

보이는 게 없는 것 자체이다'라면

가버린 것은 무엇이고 지금 가는 중인 것은 무엇이고

아직 가지 않는 것은 무엇인지 어떻게 분별할 수 있겠는가?

[31 (2-15)]

지금 가는 자는 머물지 않는다.

가지 않는 자가 머무는 것(도) 아니다.

(그렇다면) 가는 자(와) 가지 않는 자를 제외한

제3의 누가 머물겠는가?

[32 (2-16)]

바로 (그) 가지 않는 것을

가는 자(라고 하는) 것이 옳지 않을 때

"지금 가는 자가 머문다"라는 것이

어떻게 옳은 것 자체로 되겠는가?

[33 (2-17)]
지금 가는 중인 것으로부터 머무는 것은 되지 않는다. 그리고
가버린 것과 가버리지 않은 것에도 (머무는 것이) 아니다.
가는 것(의) 바로 (그) 출발하는 것과
정지하는 것도 역시 바로 (그) 가는 것과 같다.

[34 (2-18)]
"그 가는 것과 가는 자가 (같은 것)
그 자체[同一]다"라는 언급 역시 적절하지 않다.
"가는 것과 바로 (그) 가는 자는
다른 것 자체다"라는 언급 역시 적절하지 않다.

[35 (2-19)]
만약 가는 것이 무언가 (따로 존재하는 것)이고
그 자체가 가는 자(로 따로 존재하는 것)이 되었다면
행위자와 행위 자체 역시
동일한 것 자체[同一性]로 (되는) 과실過失이 (발생하게) 된다.

[36 (2-20)]

만약 가는 것과 가는 자가

다른 것 자체로 분별(된다)면

가지 않는 자의 가는 것과

가지 않는 것의 가는 자로 된다.

[37 (2-21)]

이 둘, (즉) 동일한 사태이거나

다른 사태 바로 (그) 자체에

성립되는 것이 없다면

그 둘이 성립되는 것이 어떻게 존재하겠는가?

[38 (2-22)]

가는 것, 바로 그것으로 가는 자라 말해진다.

(그러나) 그 가는 것이 바로 그 (가는 자의) 가는 것이 아니다.

왜냐하면 (가는 자는) 가는 것의 이전에 존재하지 않기 때문이다.

(이와 같은데) 누가 무엇으로 가겠는가?

[39 (2-23)]

가는 것, 바로 그것으로 가는 자라 말해진다.

(그러나) 그로부터 다른 것이 가는 것이 아니다.
왜냐하면 하나의 가는 자에게
'가는 것이 두 개다'라는 것은 옳지 않(기 때문이다).

[40 (2-24)]
'진실로 (존재하는) 가는 자이다'로 (정의)되었던 것은
세 가지 가는 것으로 가지 않는다.
'진실로 (존재하는) (가는 자가) 아니다'로 (정의)되었던 것
또한
세 가지 가는 것으로 가지 않는다.

[41 (2-25)]
'(가는 것)이다'이고 '(가는 것)이 아니다'로 (정의)되었던
것도
세 가지 가는 것으로 가지 않는다.
그러므로 가는 것과 가는 자와
가는 작용도 역시 존재하지 않는다.

'가고 오는 것[去來]을 살펴보는 것'이라 불리는 제2품.

제3품 (육六)근根에 대한 고찰

[42 (3-1)]

(6경六境은) 보는 것[색色]과 듣는 것[성聲]과 냄새 맡는 것[향香]과
맛보는 것[미味]과 만지는 것[촉觸] (등)이다.
6근六根, 그것들의
소행처所行處는 (바로 이런) 보는 것에 대한 대상 등(이다.)

[43 (3-2)]

(그렇지만) 그 보는 것은 자기 자신 그 자체[본성本性, 자성自性],
그것을 보지 못한다. (그런데) 그 자체
그 어떤 것이, (즉) 자기 자신을 보지 못하는 것이
저 다른 것들을 어떻게 볼 수 있겠는가?

[44 (3-3)]

보는 것을 제대로 증명하기 위한
불의 비유는 (성립이) 불가능하다.
가버린 것과 가지 않은 것, 지금 가고 있는 중인 것이
바로 그것에 대한 답(이다).

[45 (3-4)]

어떤 조그만 것도 보는 것이 아닐 때
보는 것이라는 행위는 존재하지 않는다.
"보는 것이 보는 행위(이다)"라는 언급이
바로 그것이 어떻게 합리적인 것으로 되겠느냐?

[46 (3-5)]

보는 것은 보는 것 자체가 아니다. 그리고
보지 않는 것도 보는 것 자체가 아니다.
(이와 같이) 보는 것 자체로 보는 자도
설명되는 것을 이해해야 한다.

[47 (3-6)]

(보는 것과) 분리되지 않은 보는 자는 존재하지 않는다.
보는 것과 분리된 (보는 자) 또한 (마찬가지다.)
보는 자가 없다면 보이는 대상과
보는 것, 그것들이 어떻게 존재하겠는가?

[48 (3-7)]

아버지와 어머니에
의지하여 바로 (그) 자식이 생겨난다고 말한다.

그와 같이 눈과 색^色에 의지하여
식識이 생겨난다고 말한다.

[49 (3-8)]
보이는 대상과 보는 것이 없기 때문에
식識 등 넷, (그것들은)
존재하지 않는다. 그렇다면 취取 등이
어떻게 존재하겠는가?

[50 (3-9)]
(6경六境은) 보는 것[色]과 듣는 것[聲]과 냄새 맡는 것[香]과
맛보는 것[味]과 만지는 것[觸] (등)이다.
듣는 자와 듣는 것 등(도 이와 같이)
설명되는 것을 이해해야 한다.

'감각 기관[根]을 살펴보는 것'이라 불리는 제3품.

제4품 (오五)온蘊에 대한 고찰

[51 (4-1)]
바로 그 색色의 원인을 포함하지 않는
바로 (그) 색은 관찰되지 않는다.
'색'이라 불리는 것[所作]을 포함하지 않는
색의 원인 또한 현현顯現하지 않는다.

[52 (4-2)]
색色의 바로 (그) 원인을 포함하지 않는
색色이라면 바로 (그) 색은 '원인이 없는 것[無因]'이라는
과실過失이 된다. 그러나 그 어떤 것이라 할지라도
'원인이 없는 것[無因]'이라고는 그 어디에서도 존재하지 않
는다.

[53 (4-3)]
만약 색色의 바로 (그) 원인을 포함하지 않는
색色의 어떤 (다른) 원인이 존재한다면
결과가 없는 원인이 된다. 그러나
결과 없는 원인은 존재하지 않는다.

[54 (4-4)]

색色이 (따로) 존재할 때 또한 바로 (그) 색色의

원인도 또한 (따로 존재하는 것은) 옳지 않은 것 자체다.

색色이 (따로) 존재하지 않을 때 또한 바로 (그) 색色의

원인도 또한 (따로 존재하는 것은) 옳지 않은 것 자체다.

[55 (4-5)]

원인이 없는 것[無因]의 바로 (그) 색色들은

옳을 수 없는, 가능하지 않는 것 자체다.

그러므로 색色에 대한 분별,

그 어떤 분별[개념화]도 하지 말아야 한다.

[56 (4-6)]

"결과는 원인과 비슷하다"라는

것은 옳지 않다. 그리고

"결과는 원인과 비슷하지 않다"라는

것 또한 옳지 않다.

[57 (4-7)]

수受와 상想·행行과

심心과 모든 사태도 또한
바로 (그) 모든 모습[一切相]들에서
색色 자체의 순서, 바로 (그것과) 같다.

[58 (4-8)]
공성空性으로 논쟁을 행할 때
어떤 이가 (이에 대한) 답을 말하는 것,
그것의 모든 답은 없다.
(왜냐하면) 증명해야 할 것과 같아지기 (때문이다).

[59 (4-9)]
(그러나) 공성空性으로 설명을 행할 때
어떤 이가 (이에 대한) 그릇된 답을 말하는 것,
그것의 모든 (답에는) 허망한[僞] 오류가 없다.
(왜냐하면) 증명해야 할 것과 같아지기 (때문이다).

'온蘊을 살펴보는 것'이라 불리는 제4품.

제5품 계界에 대한 고찰

[60 (5-1)]
허공[坕]의 상相이 먼저 (생겨났다)면
어떤 허공도 존재하지 않는다.
만약 상相 이전에 먼저 (허공이) (생겨)났다면 (그 허공에는)
상相이 존재하지 않는 과실過失이 (발생하게) 된다.

[61 (5-2)]
상相이 없는 바로 (그) 사태,
그 어떤 것은 어디에서도 존재하지 않는다.
상相이 없는 사태가 존재하지 않는다면
(그) 상相이 어떻게 (감각 기관에) 들어오겠는가?

[62 (5-3)]
상相이 없는 것에서 바로 (그) 상相은
파악되지 않는 상相을 갖춘 것으로 (파악되지) 않는다.
상相을 갖춘 것과 상相이 없는 것으로부터,
또 다른 것(으로부터)도 또한 파악되지 않는다.

[63 (5-4)]

(어떤) 상相이 파악되지 않으면

(그) 상相의 근거는 옳지 않다. 왜냐하면

(그) 상相의 근거가 옳지 않다면

바로 (그) 상相도 또한 존재하지 않기 (때문이다).

[64 (5-5)]

그러므로 상相의 근거가 없는 것, 그것은

(그) 상相은 존재하는 것 자체가 아니다.

상相의 근거(와) 상相을 배제한

(어떤) 사태도 존재하지 않는다.

[65 (5-6)]

사태가 존재하는 것이 아니라면

사태가 없는 것(의) (그) 무엇의 (것이 있어 사태로) 존재하는 것으로 되겠는가?

사태(가 존재하는 것)이고 사태가 존재하지 않는 것이라는 상호 모순되는 현상[契](에서)

어느 누가 사태(가 존재하는 것)이고 사태가 존재하지 않는 것임을 알 수 있겠는가?

[66 (5-7)]

그러므로 허공의 사태는 존재하지 않는다.

사태가 (존재하는 것이) 아니거나 존재하지 않는 것이 아니
든 (그) 상^相의 근거는 존재하지 않는다.

(그러므로) 상^相 (또한) 존재하지 않는다. 5계^界(의)

다른 나머지들도 또한 (이) 허공과 같다.

[67 (5-8)]

우매한 자들은 사태들을

'존재하는 것 자체다' 또는 '존재하는 것 자체가 아니다'로

본다. 바로 그 때문에 보아야 할 것(인)

적멸한 적정을 보지 못한다.

'계^界를 살펴보는 것'이라 불리는 제5품.

제6품 탐욕과 탐욕에 빠진 자에 대한 고찰

[68 (6-1)]

만약 탐욕 이전에

탐욕이 없는[無貪] 탐욕에 빠진 자가 존재한다면

그것에 의지한 것으로부터 탐욕은 존재한다.

탐욕에 빠진 자가 존재(할 때만) 탐욕하게 된다.

[69 (6-2)]

탐욕에 빠진 자가 존재하지 않는다면

탐욕이 존재하는 것이 어떻게 (가능하게) 되겠느냐?

탐욕에 빠진 자에게도 또한 바로 (그) 탐욕이

존재하거나 존재하지 않는 (경우)와 마찬가지로 (그) 순서
는 같다.

[70 (6-3)]

탐욕과 탐욕에 빠진 자, 이 둘이

동시[同時, 俱性]에 생겨나는 것은 불합리하다.

이 경우 탐욕과 탐욕에 빠진 자, 이 둘(의)

상호 의존적인 것은 존재하지 않게 된다.

[71 (6-4)]

하나의 성격을 띤 것 자체[一性]는 동시에 존재하지 않는다. 왜냐하면

그것 자체가 그것과 동시적인 것이 아니기 (때문이다.)

그러나 만약 다른 것 자체[相離性]가 (존재하는 것)이라면

바로 그 동시적인 것에서 무엇으로 (다른 것이) 되겠는 가?

[72 (6-5)]

만약 하나[一]인 것이 동시적인 것이라면

짝이 없어도 또한 그리되는 것이다.

만약 다른 것이 동시적인 것이라면

짝이 없어도 또한 그리되는 것이다.

[73 (6-6)]

만약 다른 것이 동시적인 것이라면

어떻게 탐욕과 탐욕에 빠진 자, 이 둘이

다른 것 자체[相離性]로 성립되겠는가?

그렇다면, 그 둘은 동시적인 것이 된다.

[74 (6-7)]
만약 탐욕과 탐욕에 빠진 자, 이 둘이
다른 것 자체로 성립되었다면
그것들의 바로 (그) 동시적인 것을
무엇으로 완벽하게 이해하겠는가?

[75 (6-8)]
(그대는) 다른 것이 성립되지 않는 것이기에
　그 때문에 하나(가 되는 동시적인 것으로 성립되기)를 바라더니
(이제 그) 동시적인 것을 잘 성립시키기 위해서
　다른 것 자체로도 (성립되는 것) 역시 바라느냐?

[76 (6-9)]
다른 것 자체[相離性]의 사태가 성립하지 않기에
동시적인 사태도 성립되지 않는다.
어떤 다른 것 자체의 사태가 존재한다면
동시적인 사태가 (성립되는 것을) 어떻게 (그대는) 바라느냐?

[77 (6-10)]
그와 같이 탐욕(과) 탐욕에 빠진 자와(의)

동시적인 것과 동시적이 아닌 것은 성립하지 않는다.

탐욕과 같은 모든 법^{法, 현상(의)}

동시적인 것과 동시적이 아닌 것은 성립하지 않는다.

'탐욕과 탐욕에 빠진 자를 살펴보는 것'이라 불리는 제6품.

제7품 생기는 것[生]과 머무는 것[住]과 사라지는 것[滅]에 대한 고찰

[78 (7-1)]

만약 생기는 것[生]이 지어진 것[有爲]이라면

그 또한 세 가지 상相을 갖추게 된다.

만약 생기는 것[生]이 지어진 것이 아니[無爲]라면

어떻게 지어진 것의 상[有爲相]이라 (할 수 있겠는가?)

[79 (7-2)]

생기는 것[生] 등 셋, (그) 각자가

바로 (그) 지어진 것의 상[有爲相](으로) 작용하는 것은

가능하지 않다. (만약 각자가 유위상이라면) 동시에 하나로

모이는 것[集]이 또한 어떻게 적절하겠느냐?

[80 (7-3)]

생기는 것[生]과 머무는 것[住]과 사라지는 것[滅] 등에

바로 (그) 다른 지어진 것의 상[有爲相]이

만약 존재한다면 무한 소급無限遡及이 된다.

(만약) 존재하지 않는다면 그것들(의) 지어진 것은 존재하

지 않는다.

[81 (7-4)]

생기는 것의 생기는 것[生生]이 근본적인 것의
생기는 것[本生](으로) 오직 발생한다.
근본적인 것의 생기는 것[本生]이 생기는 것의
생기는 것[生生](으로) 또한 생기는 것을 행하는 것이다.

【답】

[82 (7-5)]

만약 그대의 생기는 것의 생기는 것[生生]이
근본적인 것의 생기는 것[本生](으로부터) 발생한다면
그대의 근본적인 것이 생하지 않은 그것으로부터
바로 그것은 무엇으로 생기는 것을 행하겠는가?

[83 (7-6)]

만약 그대의 근본적인 것으로부터
발생한다는 그것으로부터 근본적인 것이 발생한다면
그것으로부터 발생하는 그 근본적인 것, 그것으로부터
바로 그것은 무엇을 발생하겠는가?

[84 (7-7)]

만약 그 생기지 않은 것[非生]의 (그것이)

그 발생도 행할 수 있다면

그대의 (그런) 생기는 과정 중인 것에 저 다른 것이

그(렇게) 발생하는 것도 받아들여야[取] 된다.

【문】

[85 (7-8)]

마치 등불이 자신과 다른 것(을)

비추는 것과 같이 그와 같이

생기는 것 또한 자신과 다른 것의 사태

이 둘을 발생시킨다.

【답】

[86 (7-9)]

등불과 (그것이) 어디에서

그(렇게) 화합하면 어둠은 없다.

(어둠이 없으면) 등불이 무엇을 밝히겠는가?

어둠을 없애는 (것을) 밝힌다(라고 일컫는 것)이다.

[87 (7-10)]

등불이 생기는 순간

어둠과 닿지[접촉] 않는다면

어떻게 '등불이 생기는 때라는 것'이

어둠을 없애는 것[제거]이겠는가?

[88 (7-11)]

등불과 닿는 것[접촉]이 없어도

만약 (등불이) 어둠을 제거한다면

이 세상에 머무는 (모든) 어둠은

이 세상에 머무는 그것[등불]에 의해 제거되리라.

[89 (7-12)]

등불이 자신과 다른 것의 사태를

비추는 것을 행한다면

어둠이 자신과 다른 것의 사태를

덮는 것을 행하는 것(도) 의심할 여지가 없다.

[90 (7-13)]

바로 이 생기는 것[生]이 (아직) 생기지 않은 것[未生]에 의해서

자기 자신[svātmān, 本性]을 어떻게 발생하겠는가?

만약 생기는 것에 의해서 발생한다면
생기는 것에 그 무엇이 (또한 앞으로) 발생하겠는가?

[91 (7-14)]
생기는 것과 생기지 않은 것 (그리고) 생기는 중인 것은
어떤 방식으로도 발생하지 않는다.
바로 그것에 (대해서는) 가버린 것과 가지 않은 것 그리고
지금 가고 있는 중인 것 등에 대해서 (이미) 설명하였다.

[92 (7-15)]
생기는 것이 (별도로) 존재하여
이 생기는 것과 같은 것이 (연하여) 일어나지[起] 않을 때
어떻게 "생기는 것에 의지한 것[繫]으로부터
생기는 것이다"라고 말할 수 있으랴?

[93 (7-16)]
무엇이든 연기란
바로 그 자성[本性]이 적정[평온]인 (것이다).
그러므로 생기는 것 자체의 성품[自性]과
생기는 것[과정] 또한 적정 그 자체다.

[94 (7–17)]
만약 생겨나지 않은 사태가
(그) 어떤 곳에 존재하게 되는 경우
바로 그것이 생기는 것이다. 그러나 그 사태가
존재하지 않는다면 어떤 것이 생기겠는가?

[95 (7–18)]
만약 바로 그 생기는 것이
그 생기는 과정 중에 발생하는 것이라면
그 생기는 것을 (있게 하는) 생기는 것,
그 무엇이 (있어 그것을) 발생하겠는가?

[96 (7–19)]
만약 다른 생기는 것에 의해서
그것이 발생한다(면) (그것은) 무한 소급이 된다.
만약 생기지 않는 것[無生]에 (의해서) 생긴다[生]면
모든 것들도 그와 같이 발생하게 된다.

[97 (7–20)]
'어떤 것이 존재[有]하거나 존재하지 않[無]거나
(거기에서) 생기는 것은 옳지 않다. 그리고 (또한)

존재하면서 존재하지 않는 것[有無] 자체에서도 (생기는 게)
아니다'라는 것은
앞에서 (이미) 설명한 것과 같다.

[98 (7–21)]
사라지는[滅] 사태 바로 그 자체에
생겨나는 것은 옳지 않다.
(또한) 어떤 사라지지[滅] 않는 것,
바로 그 사태에서 (생겨나는 것도) 옳지 않다.

[99 (7–22)]
(이미) 머물던[住] 사태는 머무르지 않고
(아직) 머물지 않는 (사태도) 머무는 것이 아니다.
지금 머무는 중인 것 또한 머물지 않는다. 그리고 (또한)
어떻게 (아직) 생겨나지 않은 것[未住]이 머무는 것이 되겠는가?

[100 (7–23)]
사라지는[滅] 사태 바로 그 자체에
머무는 것은 옳지 않다.
(또한) 어떤 머무는 것에서 사라지지[滅] 않는 것,
바로 그 사태에서 (머무는 것도) 옳지 않다.

[101 (7-24)]
모든 사태가 언제나
늙고 죽는 현상[老]을 띠고 있다면
늙고 죽음도 없는 그 어떤 것에서
머무는 사태가 어떻게 존재하겠는가?

[102 (7-25)]
(스스로) 머무는 것[自住]과 다른 머무는 것 바로
이 둘에 의해서 머무는 것 또한 옳지 않다.
(이것은) 마치 생기는 것이 바로 그 자신과
다른 것에 의해서 발생하지 않는 것과 같다.

[103 (7-26)]
(이미) 사라진 것[已滅]이 사라지는 것도 아니고
(아직) 사라지지 않은 것[未滅]이 사라지는 것도 아니다.
  지금 사라지는 중인 것 또한 그와 같이 (사라지는 것이)
아니다.
  (아직) 발생하지 않는 것[未生]이 어떻게 사라지겠는가?

[104 (7–27)]

어떤 머무는[住] 사태에서

사라지는 것은 옳지 않다.

어떤 머물지 않는[未住] 사태에서도

사라지는 것은 옳지 않다.

[105 (7–28)]

그 상태는 바로 그 상태,

그 자체로 사라지는 것 자체로 되지 않는다.

다른 상태도 바로 그 상태,

다른 것으로도 사라지는 것 자체로 되지 않는다.

[106 (7–29)]

모든 현상[一切法]의

생기는 것[生]이 옳지 않을 때

그때 (그) 모든 현상의

사라지는 것[滅]도 (역시) 옳지 않다.

[107 (7–30)]

어떤 하나의 존재하는 사태에

사라지는 것[滅]이 (같이 있다는 것은) 옳지 않다.

단 하나의 성질[一性]에서 사태[事態, A]와
사태가 아닌 것[非事態, ~A]이 (같이 있다는 것은) 옳지 않다.

[108 (7-31)]
(어떤 하나의) 존재하지 않는 사태에서도 또한
사라지는 것[滅]이 (같이 있다는 것은) 옳지 않다.
이것은 마치 두 번째 머리를
잘라 없애는 것이 있을 수 없는 것과 같다.

[109 (7-32)]
사라지는 것[滅]은 자기 자신[本性]에 의해서
존재하지 않는다. (그리고) 다른 사라지는 것에 의해서(도
존재하지) 않는다.
(이것은) 마치 생기는 것이 바로 그 자신과
다른 것에 의해서 발생하지 않는 것과 같다.

[110 (7-33)]
생기는 것[生]과 머무는 것[住]과 사라지는 것[滅] 등이
성립하지 않는다면 유위법有爲法은 존재하지 않는다.
유위법이 존재하지 않는데
무위법無爲法이 어떻게 성립할 수 있겠는가?

[111 (7-34)]

꿈과 같고 환술幻術[māyā]과 같고

건달바성乾闥婆城과 같은,

그와 같은 생기는 것[生]과 그와 같은 머무는 것[住], (그리고)

바로 그와 같은 사라지는 것[滅]에 (대해서는 이와 같이)

설명하였다.

'생기는 것[生]과 머무는 것[住]과 사라지는 것[滅]을 살펴보는

것'이라 불리는 제7품.

제8품 행위와 행위자에 대한 고찰

[112 (8-1)]
실재하는 행위자는
행위를 하지 않는다.
실재하지 않는 행위자인 (그것도) 또한
행위가 아닌 것을 하지 않는다.

[113 (8-2)]
실재하는 (행위자)에 행行[작용]은 없다.
(만약 그런 게 있다면) 행위자가 없는 행위도 또한 (존재하게) 되리라.
실재하는 (행위)에 행行[작용]은 없다.
(만약 그런 게 있다면) 행위가 없는 행위자도 또한 (존재하게) 되리라.

[114 (8-3)]
만약 행위자로 되지 않았던 것이
행위로 되지 않았던 것을 한다면
행위는 어떠한 원인이 없는 것[無因]으로(도) 되고

행위자도 또한 원인 없는 것으로(도) 된다.

[115 (8-4)]
바로 그 원인이 없다[無因]면 (그런 행위의) 결과와
그 원인도 또한 옳지 않게 된다.
그것이 없다면 행行[작용]과
행위자와 도구는 불합리하다.

[116 (8-5)]
행行[작용] 등이 옳지 않다면
법法과 법이 아닌 것[非法]은 존재하지 않는다.
법法과 법이 아닌 것[非法]이 존재하지 않는다면
그로부터 발생한 과보는 존재하지 않는다.

[117 (8-6)]
과보가 존재하지 않는다면 해탈과
선취善趣의 길[道]은 옳지 않(게 된다.)
(또한) 바로 그 행行[작용] 등 모든 것도
의미가 없는 것 자체로 (빠지는) 과실過失이 된다.

[118 (8-7)]

실재하거나 실재하지 않는 행위자는

실재하거나 실재하지 않는 것을 하지 않는다.

존재하거나 존재하지 않는 하나의 실재하는 것이라는

상호 모순적인 것이 어떻게 존재할 수 있겠는가?

[119 (8-8)]

실재하는 행위자에 의해서

실재하지 않는 행위는 지어지지 않고

실재하지 않는 (행위자)에 의해서도 또한 실재하는 것은

지어지지 않는다.

이것 또한 그런 오류로, 과실過失이 된다.

[120 (8-9)]

실재하는 행위자에 의해서

실재하지 않는 행위나 또는

실재하면서 실재하지 않는 것[행위]은 지어지지 않는다. 이

것에 대해서는

앞서 (그) 이유를 설명하였다.

[121 (8-10)]

실재하지 않는 행위자에 의해서

실재하는 행위나 또는

실재하면서 실재하지 않는 것[행위]은 지어지지 않는다. 이

것에 대해서는

앞서 (그) 이유를 설명하였다.

[122 (8-11)]

실재하거나 실재하지 않는 행위자에 의해서

실재하거나 실재하지 않는 행위는

지어지지 않는다. 이것 또한 그 이유는

앞에서 설명한 것처럼 이해해야 한다.

[123 (8-12)]

행위자는 행위에 의지하고 그리고

행위도 그 행위자 자체에

의지하여 생겨나는 것[緣起]을 명확하게 (볼 수 있다.)

(이 밖의 다른) 성립하는 원인[因]은 볼 수 없다.

[124 (8-13)]

이와 같이 취取도 이해해야 한다.

(왜냐하면) 행위와 행위자처럼 명확하기 때문이다.
행위자와 행위 등과 같이
다른 사태들도 이해해야 한다.

'행위(와 행위)자를 살펴보는 것'이라 불리는 제8품.

제9품 선행 주체에 대한 고찰

【문】

[125 (9-1)]

'보는 작용과 듣는 작용 등과

또한 감수 작용[受] 등을 행했던

무엇인가의 그것들이 있다고,

그 선행 주체가 존재한다'고 어떤 이는 말한다.

[126 (9-2)]

(이와 같은) 사태가 존재하는 것이 아니라면

보는 작용 등과 같은 것이 어떻게 될 수 있겠는가?

그러므로 그것들 이전에

그 (어떤) 머무는[住] 사태가 존재한다.

【답】

[127 (9-3)]

보는 작용과 듣는 작용 등과

감수 작용[受] 등이 바로 그 자체인

그 무엇인가로 사태 이전에 머무른다면

바로 그것은 무엇으로 표시되겠는가?

[128 (9-4)]
보는 작용 등이 존재하지 않아도
만약 그것들이 머문다면
그것들이 존재하지 않아도 바로 그것들이
존재하게 된다는 것에는 의심할 여지가 없다.

[129 (9-5)]
어떤 것으로 누군가는 명백해지고
누군가는 어떤 것으로 명백해진다.
어떤 것이 없는 누군가가 어떻게 존재할 수 있겠으며
누군가가 없는 어떤 것이 어떻게 존재할 수 있겠는
가?

[130 (9-6)]
보는 작용 등 모든 것의
선행 주체인 누군가는 존재하지 않는다.
(이것은) 보는 작용 등의 내부로부터 다른 것이
다른 때(분리된 경우)라면 명백해진다.

[131 (9-7)]

보는 작용 등 모든 것의
선행 주체가 만약 존재하지 않는다면
보는 작용 등 각각의
바로 그 선행 주체가 어떻게 존재할 수 있겠는가?

[132 (9-8)]

만약 그 보는 자 자체가 그 듣는 자이고
감수 작용을 하는 자 그 자체라면
(그래서) 각각의 선행 주체가 존재하게 된다면
바로 그것은 그와 같이 불합리한 것이다.

[133 (9-9)]

만약 보는 자가 다른 것 자체이고
듣는 자가 다르고 감수 작용하는 자가 다르다면
보는 자가 존재할 때 (다른) 듣는 자로 되어야 할 것이다.
(그리고) 아我[ātman]도 또한 (그만큼) 많은 것으로 되어야
할 것이다.

[134 (9-10)]

보는 작용과 듣는 작용 등 그리고

감수 작용 등을 비롯한

그 무엇으로부터 비롯된 그 (4)대치근본 요소에도

바로 그런 것은 존재하지 않는다.

[135 (9-11)]

보는 작용과 듣는 작용 등 그리고

감수 작용 등을 비롯한

그 무엇의 '있음'이 존재하지 않는다면

바로 그것들 역시 존재하지 않는다.

[136 (9-12)]

누군가가 보는 작용 등의

이전이나 현재나 미래에 존재하지 않는 (그것에 대한)

"그것은 존재한다. 그것은 존재하지 않는다"는

바로 그와 같은 분별들은 (이렇게) 소멸된다.

'선행 주체를 살펴보는 것'이라 불리는 제9품.

제10품 불과 연료에 대한 고찰

[137 (10–1)]
어떤 연료라는 그것이 (곧) 불이라면
행위자와 행위는 같은 것이 된다.
만약 연료로부터 (생겨난) 불이 다른 것이라면
연료가 없어도 (불이) 발생하게 된다.

[138 (10–2)]
(만약 그렇다면) 불길은 그 자체로 항상 (타오르는 것이)
된다.
(그렇게 되면) 불꽃은 그 원인으로부터 생겨나지 않은 게
(된다.) 그리고
불을 붙이는 것[점화]은 무의미한 것 그 자체로 된다.
그와 같다면 (불을 붙이는) 행위도 또한 존재하지 않는다.

[139 (10–3)]
(만약 그렇다면) 다른 것에 의지하지 않기 때문에
불길은 그 원인으로부터 발생하지 않는 (것이 된다.)
만약 항상 불길 그 자체로 존재한다면

불을 붙이는 것[점화]은 무의미한 것이 된다.

[140 (10-4)]
이런 경우, (즉) 만약 생각하여
'불타는 중인 것이 연료이다'라고 여긴다면,
(즉) 그때 바로 그것[불타는 중인 것]이 그것[연료]이라면,
무엇에 의해서 그 연료가 불탈 수 있겠는가?

[141 (10-5)]
다른 것이기 때문에 접촉하지 않고 접촉하지 않으면
불탈 수 없고 불탈 수 없으면
사라지지 않는다. 사라지지 않으면
자상自相을 갖춘 채 (항상 그대로) 머물러야 한다.

【문】
[142 (10-6)]
마치 여자가 남자에게 그리고
남자가 또한 여자에게 접촉하는 것처럼
만약 연료로부터 (전혀) 다른 불이 (있다)면
(그것이) 연료와 접촉하는 것이 가능하게 된다.

【답】

[143 (10–7)]
만약 불과 연료가
각각 분리되었다면
연료로부터 다른 불 자체가 존재해도
연료와 접촉하는 것을 확고하게 해야 한다.

[144 (10–8)]
만약 연료에 의지한 것이 불이고 그리고
만약 불에 의지한 것이 연료라면
무엇에 의지한 불과 연료로 되어
(그) 먼저 성립되었던 것은 다른 무엇으로 존재하겠는가?

[145 (10–9)]
만약 연료에 의지한 불이라면
불에 의해 성립되었던 것에서 (다시) 성립하는 것이 된다.
(그리고 불과) 분리되어 있는 연료도 또한
바로 그 불이 없어도 존재하는 것이 된다.

[146 (10–10)]
만약 어떤 사태가 (다른 사태에) 의지하여 성립하고,

그것 자체[다른 사태]도 또한 바로 그 의지하는 것으로부터,

(즉) 그 어떤 의지하는 것[의지체]이 (상호) 존재하여, 그런 (관계가) 성립한다면,

그 어떤 것에 의지한 것으로부터 다른 어떤 것이 성립하겠는가?

[147 (10-11)]

의지하여 성립하는 사태, 그 어떤 것이 존재하는 것(이라면),

만약 (그것이 먼저) 성립하지 않았다면 무엇에 의지하겠는가?

만약 (누군가가) '의지하는 것으로 성립한다'고 주장한다면,

바로 그것에 의지한다는 것은 불합리하다.

[148 (10-12)]

연료에 의지하는 불은 존재하지 않고

연료에 의지하지 않는 불도 또한 존재하지 않는다.

불에 의지하는 연료는 존재하지 않고

불에 의지하지 않는 연료도 또한 존재하지 않는다.

[149 (10-13)]

바로 그 불은 다른 것으로부터 오지 않고

연료에서도 또한 바로 그 불이 생기지 않는다.

그와 같이 연료의 나머지 부분(들)은

가버린 것과 가지 않은 것, (그리고) 지금 가고 있는 중인
것으로 설명된다.

[150 (10-14)]

연료 자체는 바로 그 불이 아니다. 그리고

연료가 아닌 것에서 불이 또한 (생겨나는 것도) 아니다.

바로 그 불이 연료를 가진 것도 아니다.

불에 연료가 있는 것도 아니다. 그것[연료]에 그것[불]이 있는
것도 아니다.

[151 (10-15)]

불과 연료(의 관계)에 의해서 아我[ātman]와

취取의 모든 순서,

(즉) 병과 옷가지 등 나머지도 다 함께

남김없이 자세히 설명되었다.

[152 (10-16)]

어떤 이들은 아我[ātman]와 사태들의

동일성과 차이성을

가르치는데 '(나는 그들이 부처님께서) 가르치신 그것들의 (진정한) 의미를

안다'고 생각하지 않는다.

'불과 연료를 살펴보는 것'이라 불리는 제10품.

제11품 시작과 끝에 대한 고찰

[153 (11-1)]

(어떤 이가) "(윤회계의) 시작 (지점)[始]은 알려졌습니까?"
라고 물었을 때

대능인大能仁께서는 "아니다"라고 말씀하셨다.

윤회계의 시작 지점과 끝 (지점)은 존재하지 않는다. 왜냐하면
그것에는 시작이 없고 끝이 없기 (때문이다).

[154 (11-2)]

어떤 것에 시작도 없고 끝도 없는데

그것에 바로 그 중간이 어떻게 존재할 수 있겠는가?

그러므로 그것에 대한 시작, 끝과

(그) 동시라는 순서는 옳지 않다.

[155 (11-3)]

만약 생生이 먼저이고

노사老死가 나중이라면

(그) 생(에는) 노사가 없다. 그리고

죽지 않는 자도 또한 생하게 되리라.

[156 (11-4)]

만약 생生이 나중이 되고

노사老死가 먼저라면

생기는 것이 없는[不生] 바로 그 노사는

원인 없는 것[無因]이니 어떻게 될 수 있겠는가?

[157 (11-5)]

생과 노사들이

동시에 (존재하는 것은) 가능하지 않다. 왜냐하면

바로 그 생기는 과정 중에 죽게 된다. 또한

이 둘은 원인 없는 것[無因]으로 되기 (때문이다).

[158 (11-6)]

어떤 것이든 시작, 끝, 과정의

그 순서들이 가능하지 않는

그 생과 그 노사가

어떻게 희론戱論을 행하겠는가?

[159 (11-7)]

단지 윤회에 그 시작 (지점)의 끝만

존재하지 않는 것이 아니라
원인[因]과 결과 그 자체와,
(개념의) 정의와 그 정의의 대상 그 자체,

[160 (11-8)]
감수[受]와 감수자 그 자체 등
대상이 존재하는 어떤 것들, (그것들이) 무엇이 되었든
그 모든 사태들 자체에도 또한
그 시작 (지점)의 끝은 존재하지 않는다.

'시작과 끝을 살펴보는 것'이라 불리는 제11품.

제12품 자신이 짓는 것과 타인이 짓는 것에 대한 고찰

[161 (12–1)]

어떤 이는 '고苦는 스스로 짓는다.

남이 짓는다. 또는 둘이 짓는다.

원인 없는 것[無因]으로부터 생겨난다'고 주장한다.

(그러나) 바로 그와 같이 짓는 것은 불가능하다.

[162 (12–2)]

만약 스스로 짓는 것이라면

그것 때문에 의지하여 발생하는 것이 아닌 것으로 된다.

왜냐하면 이 (오)온들을

의지하여 저 (오)온들이 발생하기 (때문이다).

[163 (12–3)]

만약 이것과 저것이 다르다면 또는

만약 저것과 이것이 다르다면,

고苦는 다른 것[他苦]에 의해서 지어지게 될 것이다. 그리고

다른 이것들에 의해서 저것이 지어지게 될 것이다.

[164 (12-4)]

만약 어떤 사람 바로 그 자신[자기 개체아, svapudgala]이

고苦를 짓는다면, 자기 스스로

고苦를 짓는 그 어떤 사람이

고苦로부터 벗어나는 누군가로 (어떻게) 존재하겠는가?

[165 (12-5)]

만약 다른 개체아[parapudgala]로부터

고苦가 발생한다면 다른 자에 의해서

그 고苦가 지어지고, 무엇이든 주는 그것이니

(그) 고苦로부터 벗어나는 것이 어떻게 가능하겠는가?

[166 (12-6)]

만약 다른 개체아가 고苦를

발생시킨다면 그가 그것을 지어서

다른 (쪽)에 주는 다른 개체아로,

고苦로부터 벗어나는 누군가로 (어떻게) 존재하겠는가?

[167 (12-7)]

자신이 지어도 성립하지 않는 것인

고苦를 다른 사람이 어떻게 지을 수 있겠는가?

(왜냐하면) 다른 사람이 어떤 고苦를 짓는 것,

바로 그것은 그 (사람에게) 자신의 (고를) 짓는 것이 되기 (때문이다.)

[168 (12–8)]

무엇보다 먼저 고苦는 스스로 짓는 것이 아니다.

바로 그 자체로는 그것을 짓지 못하기 (때문이다.)

만약 다른 이와 자신이 짓지 못하는 것이라면

고苦를 다른 이가 짓는 것이 어떻게 (가능하게) 되겠느냐?

[169 (12–9)]

만약 (자신과 다른 이) 각각이 짓는다면

고苦를 둘이 짓게 된다.

자신이 짓지 않고 다른 이(도) 짓지 않는

고苦를 무인無因이 (짓는 것이) 어떻게 (가능하게) 되겠느냐?

[170 (12–10)]

다만 고苦에 대해서 네 가지 종류가

존재하지 않는 것일 뿐만 아니라

외경의 사태들에도 또한

(이런) 네 가지 종류는 존재하지 않는다.

'자신이 짓는 것과 타인이 짓는 것을 살펴보는 것'이라 불리는 제12품.

제13품 형성 작용[行]에 대한 고찰

[171 (13-1)]
세존께서는 "어떤 현상[法]이든
바로 그 속이는 것은 거짓된 것이다"라고 말씀하셨다.
일체의 속이는 형성 작용[行]의 현상[法](들도),
그러므로 (바로) 그것들도 거짓된 것이다.

[172 (13-2)]
만약 무엇이든 속이는 현상[法]이 존재할 때
그것이 거짓된 것이라면, (그러면) 무엇이 속이는 것이겠는가?
세존께서 그것을 말씀하신 것은
공성空性을 완전히 가르치기 위해서였다.

[173 (13-3)]
사태들은 무자성이다. 왜냐하면
다른 것으로 변하는 것이 (사태들에) 나타나기 때문이다.
무자성인 사태(들)은 (자성을 띤 것으로) 존재하지 않는다.
왜냐하면 사태들은 공하기 때문이다.

[174 (13-4)]

【문】 만약 무자성이라면

다른 것으로 변하는 것이 무엇이겠느냐?

【답】 만약 자성이 존재한다면

다른 것으로 변하는 것이 어떻게 가능하겠느냐!

[175 (13-5)]

바로 그것 자체에는 다른 것으로 변하는 것은 존재하지

않는다.

다른 것 자체에도 또한 (변하는 것은) 존재하지 않는다.

왜냐하면 젊은이는 늙지 않기 때문이고 그리고

늙은이 또한 늙지 않기 때문이다.

[176 (13-6)]

만약 바로 그것 자체가 다른 것으로 변하는 것이라면

우유 그 자체가 (곧장) 요구르트로 변해야 할 것이다.

우유로부터 다른 어떤 것이 (있어)

요구르트의 상태인 것으로 변하겠는가?

[177 (13-7)]

만약 공^空이 아닌 것[非空]이 약간이나마 존재한다면 공空 또한 약간이나마 존재하는 것으로 될 것이다.

(그러나) 공空이 아닌 것이 약간이나마 존재하지 않으면
공空이 존재하는 것으로 어떻게 되겠는가?

[178 (13-8)]

승자勝者들께서는 "공성空性은
일체의 견해에서 완전히 벗어나게[出離] 한다"라고 말씀하
셨다.

(그러나) 어떤 이들이 "공성空性이라는 견해를 (가진다면)
그들은 (그 어떤 것도) 성취할 수 없다"라고 말씀하셨다.

'형성 작용[行]을 살펴보는 것'이라 불리는 제13품.

제14품 결합[合]에 대한 고찰

[179 (14-1)]
보이는 대상, 보는 작용, 보는 자
그 셋들은 둘씩 쌍을 (이루거나)
전체라도 서로
결합[合]하지 않는다.

[180 (14-2)]
그와 같이 탐욕, 탐욕(에 빠진 자)와
탐욕의 대상 (그리고 다른) 번뇌煩惱(의)
나머지들과 (육)처處의
(다른) 나머지들도 또한 (그) 세 가지 자체로 (결합하지
않는다.)

[181 (14-3)]
다른 것과 다른 것이 결합하는 것이기 때문에
그렇기 때문에 보이는 대상 등에는
그 다른 것[상이성, 相異性]이 존재하지 않는다.
그렇기 때문에 결합하지 않는다.

[182 (14-4)]

보이는 대상 등에만

상이성이 존재하지 않는 것이 아니다.

그 어떤 것과 (다른) 어떤 것이 함께 (할) 때

상이성相異性은 옳지 않다.

[183 (14-5)]

다른 것[a]은 다른 것[b]에 의지[緣]하기에 다른 것이다.

다른 것[상이성]이 없으면 다른 것[a]은 다른 것[b]이 되지 않는
다.

어떤 것[B]에 의지[緣]하는 어떤 것[A]이라면

바로 그것[A]이 그것[B]과 (비교하여) 다른 것이라는 것은
옳지 않다.

[184 (14-6)]

만약 바로 그 다른 것[a]이 다른 것[b]과 (비교하여) 다른
것이라면

그때 (b는) 다른 것이 없는[~a] 다른 것[b]이 된다.

(그러나) 다른 것이 없는[~a] 가운데 다른 것[b]으로 되는
것은

존재하지 않는다. 그러므로 (이와 같은 경우는) (있을 수)
없다.

[185 (14-7)]
상이성은 다른 것에 존재하지 않는다.
(그리고) 다른 것이 아닌 것에도 존재하지 않는다.
상이성이 존재하지 않으면
다른 것이거나 같은 것은 존재하지 않는다.

[186 (14-8)]
그 (같은 것)은 그 (같은 것)과 결합[合]하지 않는다.
다른 것과 다른 것도 또한 결합하지 않는다.
(지금) 결합 중인 것과 (이미) 결합한 것과
결합하는 자 또한 존재하지 않는다.

'결합[合]을 살펴보는 것'이라 불리는 제14품.

제15품 자성에 대한 고찰

[187 (15-1)]
자성自性이 인因과 연緣으로부터
발생한다는 것은 옳지 않다.
인因과 연緣으로부터 발생한
자성(은) '만들어진 것[爲作法]'이 된다.

[188 (15-2)]
"자성自性은 만들어진 것이다"라는 것이
어떻게 가능하겠는가?
바로 그 자성이란 만들어지지 않고
다른 것에 의지하지 않는다(는 뜻인데).

[189 (15-3)]
자성이 존재하지 않는다면
다른 사태가 어떻게 존재할 수 있겠는가?
"다른 사태의 자성, 바로 그 (때문에)
다른 사태이다"라고 불리는데.

[190 (15-4)]

자성自性과 타성他性들을

배제한 사태가 어떻게 존재할 수 있겠는가?

자성과 (다른) 사태의 (자성)이

존재할 때만 사태는 성립하게 된다.

[191 (15-5)]

만약 사태[시가 성립하지 않는다면

사태가 아닌 것[非事態, ~시도 성립하지 않게 된다.

'다른 사태로 변하는 것, 바로 그것은

사태가 아닌 것이다'라고 사람들은 말한다.

[192 (15-6)]

어떤 (사태의) 자성(과) 다른 사태의 (자성) 그리고

사태와 사태가 아닌 것 자체가 (존재한다고) 간주하는 자

(들)은

그들은 부처님의 가르침을,

그 자체를 보지 못한다.

[193 (15-7)]

세존께서는 사태와 사태가 아닌 것을

통달하셨기에 『까띠야나(존자)에 대한
가르침[迦㫋延經]』에서 존재하는 것[有]과
존재하지 않는 것[無], 이 둘 역시 (모두) 부정하셨다.

[194 (15-8)]
만약 자성이 존재한다면
바로 그것은 (그것이) 없는 것 자체로 변하지 않아야 한다.
자성이 다른 것으로 변하는 것, 그것은
결코 옳지 않다.

[195 (15-9)]
자성이 존재하지 않는다면
다른 것으로 변하는 것은 무엇이겠는가?
자성이 존재한다면 마찬가지로
다른 것으로 변하는 것이 어떻게 가능하겠는가?

[196 (15-10)]
"존재한다"라는 것은 상주(론)에 대한 집착이고
"존재하지 않는다"라는 것은 단멸(적)인 견해다.
그러므로 '존재한다'와 '존재하지 않는다'에 대해서
현자는 의지하지 않는다.

[197 (15-11)]

그와 같은 이유로 무엇이든 자성에 의해서 존재하는 것[有]이

바로 그것이 존재하지 않는 것[無]으로 (되는 것이) 아니라는 것은 상(견의),

"이전에 생겨났으나[有] 지금은 존재하지 않는다[無]"라는 것은

단(견)의 과실過失이 된다.

'자성自性을 살펴보는 것'이라 불리는 제15품.

제16품 속박과 해탈에 대한 고찰

[198 (16-1)]

만약 (누군가가) '(제)행行은 윤회한다'고 (주장해도)

그것들[제행]이 항상하는 것이라면 윤회하지 않을 것이다.
그리고

항상하지 않은 것[무성]도 또한 윤회하지 않을 것이다.

유정有情(의 윤회)에 대한 (논파)도 그 방법은 이와 같다.

[199 (16-2)]

만약 (누군가가) '사람은 (그래도) 윤회한다'고 (주장해도)

(오)온, (십이)처, (십팔)계들을,

바로 그것(들)을 다섯 가지 방법으로 살펴보아도

존재하지 않는다면, 무엇이 윤회하겠는가?

[200 (16-3)]

(몸을) 취하는 것[取]에서 (몸을) 취하는 것[取]으로

윤회한다면 (그 중간) 생生은 없게 된다.

(그 중간) 생이 없고 (몸을) 취하는 것[取]이 없다면

그 무엇이 윤회하겠는가?

[201 (16-4)]

(제)행行이 열반涅槃[nirvāṇa]한다는 것은
어떤 방식으로도 옳지 않다.
유정이 열반한다는 것도 마찬가지로
어떤 방식으로도 옳지 않다.

[202 (16-5)]

생멸生滅의 속성을 지닌 (제)행行들은
속박되지도 해탈하지도 않는다. 그리고
앞에서 (설명한) 것처럼 유정도 마찬가지로
속박되지도 해탈하지도 않는다.

[203 (16-6)]

만약 (몸을) 취하는 것[取]이 속박이라면
(이미 몸을) 취한 자는 (지금) 속박되지 않는다.
(또한) (몸을) 취하지 않는 자도 속박되지 않는다. 그렇다면
어떤 상태(에 있는) 누가 속박되겠는가?

[204 (16-7)]

만약 속박되는 대상 이전에
속박이 존재한다면 속박을 얻을[取] 것이다.

(그러나) 그와 같은 것은 존재하지 않는다. 그 나머지는 (앞에서)

가버린 것(과) 가지 않은 것, (그리고) 지금 가고 있는 중인 것으로 설명하였다.

[205 (16-8)]
누군가 (이미) 속박된 자는 해탈하지 않는다. 그리고
(아직) 속박되지 않는 자도 또한 해탈하지 않는다.
(만약) 속박된 자가 해탈하는 중이라면
속박과 해탈이 동시에 (이루어지는 것이) 된다.

[206 (16-9)]
"바로 (내) 자신이 (몸을) 취하는 것[取]이 없는 열반(에 들었다고)
열반은 나의 것이 되었다"라고
그와 같이 (말하며) 집착하는 (자들은) 누구라도 그
(몸을) 취하는 것[取]에 대한 집착이 큰 자(들)이다.

[207 (16-10)]
어딘가에서 열반이 생겨나는 것도 아니다.
(그렇다고) 윤회가 (어딘가로) 사라지는 것도 아니다.

그것[열반]에서 윤회란 무엇인가?

열반 또한 무엇으로 (윤회와) 분별하겠는가?

'속박과 해탈을 살펴보는 것'이라 불리는 제16품.

제17품 업과 과보에 대한 고찰

【문】

[208 (17−1)]

자기 자신[本性]을 (계율에 따라) 잘 다스리고

다른 사람을 돕고자 하는 자비심, (좋든 나쁘든) 무엇이든

그(와 같은 것이) 법法이다. 바로 그것이 금생과 다른 생[後生]

에서 (받는)

과보果報들의 종자이다.

[209 (17−2)]

대선인大仙人께서는 바로 그 업業들에는

'생각으로 (짓는) 것[思業]과 생각했던 (것으로 짓는) 것(들이

있다)[思已業]'라고 말씀하셨다.

(그리고) 그 업들의 바로 그 각자(에 대한)

여러 가지 종류를 완벽하게 교시하셨다.

[210 (17−3)]

그 가운데 "어떤 업業이 사思(업業)인가?"에 대해서

(어떻게) 말씀하셨는가 하면, "바로 그 의업意業이다"라고

주장하셨다.

(그리고) '사이(업)'에 대해서 어떻게 말씀하셨는가 하면, 바로 그것이 신身(업業)과 구口(업業)이라고 주장하셨다.

[211 (17-4)]

(1) 말과 (2) 행위와 (3) 그리고 '(아직) 버리지 못하는 (그릇된) 생각 (때문에) 표시 나지 않는 것'이라 불리는 것[不律儀 無表](과)

(4) (이미) 버린 생각(이라지만 지금) 표시 나지 않는 것[不律 儀 無表](과)

다른 것들도 또한 그와 같이 주장하셨다.

[212 (17-5)]

(5) 기쁨으로부터 생겨나는 복덕인 것과

(6) 복덕이 없이 (짓는) 방법, 그와 같은 (것과)

(7) 생각으로 짓는 것思 등, 바로 그와 같이 일곱 (종류로) 업業을 자세히 주장하셨던 것이다.

【답】

[213 (17-6)]

만약 이숙異熟하는 동안

(그대로) 머무른다면 그것은 항상하는 것으로 된다.
만약 사라지는 것[滅]이라면 사라지는 것으로 되는데
어떻게 그 과보가 발생하겠는가?

【문】
[214 (17-7)]
싹을 비롯해서 상속相續하는 것이 무엇이든
바로 그 씨앗으로부터 분명하게 생겨난다.
그로부터 열매도 생겨난다. (만약) 바로 그 종자가
없다면, 그 (열매) 또한 생겨나지 않는다.

[215 (17-8)]
왜냐하면 씨앗으로부터 상속하는 것과
(그) 상속하는 것으로부터 열매는 생겨난다. 그리고
씨앗은 열매 이전에 선행한다.
그러므로 (이 씨앗과 열매는) 단절된 것도 아니고 항상된
것도 아니다.

[216 (17-9)]
(그렇게) 바로 그 마음의 상속이 무엇이든
(그것은 선행하는) 마음으로부터 분명하게 생겨난다.

그로부터 (상속하는) 과보(가 되는) 마음도 마찬가지다.

(만약 그 마음의 상속이) 없다면, 그것 또한 생겨나지 않는다.

[217 (17-10)]

왜냐하면 마음으로부터 상속하는 것과

(그) 상속하는 것으로부터 과보는 생겨난다. 그리고

바로 그 (원인이 되는) 업은 과보 이전에 선행한다.

그러므로 (업은) 단절된 것도 아니고 항상된 것도 아니다.

[218 (17-11)]

청정한 업의 십도十道는

법을 성취하는 방법이다. 그리고

(그) 법의 과보는 금생과 다른 생[後生]에서 (받는)

오욕락五慾樂이다.

【답】

[219 (17-12)]

(그러나) 만약 그렇게 관찰하였다면

크나큰 오류가 많다.

그러므로 그와 같이 관찰하였던 것,

바로 이런 것은 옳지 않다.

【문】

[220 (17-13)]

부처님들과 독각獨覺(들)과

성문聲聞들이 무엇을 말씀하셨는지

(즉) 관찰하였던 것이 무엇인지, 바로 이것을 옳게 (이해하
는) 것

바로 그것을 자세히 설명하겠다.

[221 (17-14)]

예를 들자면, 마치 차용 증서와도 같아

없어지지 않기[不失] 때문에 바로 그 업은 빚과 같다.

바로 그 때문에 계界에는 4종이 (있으며),

또한 (그) 자성自性은 무기無記이다.

[222 (17-15)]

(업의 과보는) 끊는다[斷]고 해서 끊어지는 것이 아니다. 그
것은

오직 수행[修道]에 의해서만 끊어진다.

왜냐하면 없어지지 않는 것[不失]에 의해서

업의 과보가 발생하기 (때문이다).

[223 (17−16)]

만약 끊는다[斷]고 해서 끊어지고

업이 전변轉變에 의해서 사라진다[滅]면

그것에는 업의 사멸死滅 등과 같은

오류들, (즉 그와 같은) 과실過失이 (있게) 된다.

[224 (17−17)]

같은 계界의 (다양한) 업으로부터 같은 것[衆同分]과

같지 않은 것[彼同分] (등) 일체의

바로 그것(들) 자체가 결합할 때

오직 하나만 생겨난다.

[225 (17−18)]

그리고 그 현법現法에는 두 가지 종류가 있다.

(그것들) 모두 (각각의) 업과 업의 그것이

다른 것으로 (연이어) 생하는 것이다. 그리고 (그 업들은)

이숙梨熟할지라도 머무른다.

[226 (17−19)]

바로 그 과보가 전변轉變하거나

멸滅했으면 (기존의 업은) 사라진다.

(그리고) 그것의 구분에는 무루無漏와

유루有漏(가 있음)을 알아야 한다.

[227 (17-20)]

공空하지만 단멸斷滅하지 않고

윤회하지만 항상하지 않는

업業들의 부실법不失法은

부처님께서 가르치신 것이다.

【답】

[228 (17-21)]

왜 바로 그 업은 생기지 않는 것[無生]인가?

그것은 자성이 없는 것[無自性]이기 때문이다.

바로 그것은 생하지 않는 것[不生]이기 때문에,

그러므로 없어지지 않는 것[不失, 不滅]이다.

[229 (17-22)]

만약 업에 자성이 존재한다면

항상된 것임에는 의심할 여지가 없다.

(그러나) 바로 그런 업은 지어지지 않는다.

(왜냐하면) 항상하는 것을 지을 수 없기 때문이다.

[230 (17-23)]

만약 바로 그 업이 지어지지 않는다면

짓지도 않은 것과 결합하는 두려움이 (생겨나게) 된다.

(또한) 범행梵行에 머물지 않아도 (되니)

그것에도 오류가 (되는) 과실過失이 (발생하게) 된다.

[231 (17-24)]

(그렇게 되면) 세간의 모든 것들도

모순된다는 것에는 의심할 여지가 없다.

(또한) 복덕과 악행의

구분 또한 옳지 않게 된다.

[232 (17-25)]

바로 그 이숙異熟은 (다시) 이숙하는 것,

(즉) 반복하는 이숙이 될 것이다.

만약 자성自性이 존재한다면

그렇다면 업은 (항상) 머물러야 (할 것이다. 바로) 그런 이유

때문에.

[233 (17-26)]
이 업은 번뇌煩惱를 본성本性으로 (한다.)
그 번뇌들은 진실된 것이 아니다.
만약 번뇌들이 진실된 것이 아니라면
바로 그 업이 진실된 것이라고 어떻게 (말할 수) 있겠는가?

[234 (17-27)]
바로 그 업과 번뇌들은
육신들의 연緣이라고 말씀하셨다.
만약 업과 번뇌가
공空하다면, 육신에 대해서 무슨 말을 하랴?

[235 (17-28)]
무명無明에 덮인 중생은
갈애에 묶여 있다. 바로 그가 과보를 받는 자이다.
그는 또한 업을 지었던 자와 다른 자도 아니고
그 자신이 그와 (같은 자)도 아니다.

[236 (17-29)]
왜냐하면 바로 이 업은
연緣으로부터 생겨나는 것도 아니고

비연非緣으로부터도 생겨나는 것도 아니기 때문이다.
그러므로 (업을) 짓는 자 또한 존재하지 않는다.

[237 (17-30)]
만약 업과 (업을) 짓는 (자)가 존재하지 않는다면
업에서 생겨난 과보가 어떻게 존재하겠는가?
만약 과보가 존재하지 않는다면
과보를 받는 자가 어떻게 존재하겠는가?

[238 (17-31)]
마치 스승님께서 (이르신 것처럼) 바로 그 환술幻術로,
(즉) 그 빼어난 신통으로 환술사幻術士를 짓고
그 환술사가 또 환술을 부린다면,
(즉) 다시 바로 그 다른 (환술사)가 환술을 부리는 것처럼,

[239 (17-32)]
마치 그와 같이 그 (업을) 짓는 자에 의해서 어떤 업이든
지어지는 것도 또한 환술로 지어진 것과 같다.
예를 들자면, 환술사에 의해서 다른 어떤
환술로 지어지는 것, 바로 그와 같다.

[240 (17-33)]

번뇌들(과) 업들과 육신들과
(업을) 짓는 자들과 과보들은
건달바성과 같고
신기루나 꿈과 같다.

'업業과 과보果報를 살펴보는 것'이라 불리는 제17품.

제18품 아我와 법法에 대한 고찰

[241 (18-1)]
만약 (오)온蘊이 아我라면
(그것은) 생生하는 것과 멸滅하는 것이 된다.
만약 (그것이) (오)온들과 다르다(면)
(오)온의 정의는 존재하지 않게 된다.

[242 (18-2)]
아我가 존재하는 것이 아니라면
나의 것[我所]이 어떻게 존재하겠는가?
나[我]와 나의 (것[我所])이 적멸寂滅(에 들었기) 때문에
'나에 대한 집착[我執]', '나의 (것)에 대한 집착[我所執]'은 존재
하지 않게 된다.

[243 (18-3)]
'나에 대한 집착[我執]', '나의 (것)에 대한 집착[我所執]'이 존재
하지 않는 것,
그것 또한 (진실로) 존재하는 것이 아니다. 그러므로
'나에 대한 집착[我執]', '나의 (것)에 대한 집착[我所執]'이 존재

하지 않는 것을

누군가가 본다는 것[觀]은 (올바르게) 보는 것이 아니다.

[244 (18-4)]

안과 밖에

'나에 대한 집착[我執]', '나의 (것)에 대한 집착[我所執]'이 없어

지면[滅]

취하는 것[取]이 사멸謝滅하고

그것이 없어지면 생기는 것[生]도 없어진다.

[245 (18-5)]

업과 번뇌가 없어지는 것이 해탈(이다.)

업과 번뇌는 분별로부터, (그리고)

그것들은 희론戱論으로부터 (생겨나는 것이다.) (이) 희론은

오직

공성에 의해서 사멸謝滅된다.

[246 (18-6)]

(부처님들에 의해서) "(이것이) 아我다"라는 것도 시설施設

되었고

"(이것이) 무아無我다"라는 것도 교시教示되었다.

(또한) 부처님들에 의해서 "아我와

무아無我인 어떤 것도 아니다"라는 것도 교시敎示되었다.

[247 (18-7)]

말로 표현되는[言表] 대상은 끊어진 것[止滅]이다. 왜냐하면

사유[心]의 작용 대상이 끊어진 것이기 때문이다.

생겨나지 않고[不生] 사라지지 않는[不滅]

법성法性은 마치 열반과 같다.

[248 (18-8)]

(1) 모든 것은 진실하다. (2) (모든 것은) 진실하지 않다.

(3) (모든 것은) 진실하거나 진실하지 않은 것 자체다.

(4) 모든 것은 진실하지 않은 것이 아니거나 진실한 것이

아니다.

바로 그것이 부처님께서 자세히 교시하신 것이다.

[249 (18-9)]

(1) 다른 것[他者]으로부터 알 수 있는 것도 아니고 (2) 적정寂

靜하고

(3) 희론戱論들로 희론되지 않는

(4) 분별이 없고[無分別] (5) 차별이 없는[無差別] (그 어떤) 것,

바로 그것이 진실의 모습[相]이다.

[250 (18-10)]

어떤 것[A]에 의지하여[緣] (다른) 어떤 것[B]이 발생한다면[起]

바로 그 어떤 것[A]은 그것 자체[A]가 아니다.

그로부터 (발생한) 다른 것[B]도 또한 (그것 자체[A]가) 아니다.

그러므로 끊어진 것도 아니고[不斷] 항상하는 것도 아니다[不常].

[251 (18-11)]

부처님들, (즉) 세간의 보호자들의

가르침 (가운데) 감로[甘露]인 그것은

같은 의미도 아니고[不一] 다른 의미도 아닌 것이고[不異]

끊어진 것도 아니고[不斷] 항상하는 것도 아니다[不常](는 것이다).

[252 (18-12)]

원만한 부처님들이 (더 이상) 나타나지 않고

성문들(의 맥)이 그칠지라도

독각의 바로 그 지혜는

(스승에게) 의지하지 않는 것으로부터 올곧게 생겨난다.

'아我와 법法을 살펴보는 것'이라 불리는 제18품.

제19품 시간에 대한 고찰

[253 (19-1)]

현재를 생기게 하는 것, 그리고 미래(를 생기게 하는 것

이)

만약 과거(라는 시간)에 의지한 것이라면

현재를 생기게 하는 것, 그리고 미래(를 생기게 하는 것

은)

과거라는 시간 속에 존재해야(만) 된다.

[254 (19-2)]

현재를 생기게 하는 것, 그리고 미래(를 생기게 하는 것

이)

만약 그것[과거]에 의지한 것이 아니라면

현재를 생기게 하는 것, 그리고 미래(를 생기게 하는 것

이)

어떻게 그것[과거]에 의지한 것이겠는가?

[255 (19-3)]

바로 그 과거에 의지하지 않는

그 (현재와 미래라는) 두 가지 (시간)은 성립하지 않는다.
그러므로 현재를 생기게 하는 것과
미래(를 생기게 하는) 시간도 또한 존재하지 않는다.

[256 (19-4)]
바로 이런 순서에 따르는 방법으로
(현재와 미래라는) 나머지 두 개도 바꾸어[換置] (논파할 수
있고)
상上과 하下 그리고 그 중간[中] 등,
동일성 등도 또한 (논파할 수 있음을) 이해해야 한다.

[257 (19-5)]
머물지 않는 바로 그 시간을 (결코) 붙잡을 수 없다.
무엇으로든 붙잡을 수 있는 대상이란 시간은
(결코) 머무는 존재가 아니다. 그러므로 (시간은)
붙잡히지 않는 것이다. (그런데) 바로 그것을 어떻게 잡을
수 있겠는가?

[258 (19-6)]
만약 바로 그 시간이 (다른) 사태에 연緣한 것이라면
사태가 존재하지 않는 바로 그 시간이 어떻게 존재하겠는

가?

어떤 사태도 또한 존재하지 않는다면

바로 그 시간이 존재한다고 어떻게 (말할 수) 있겠는가?

'시간을 살펴보는 것'이라 불리는 제19품.

제20품 (인과 연의) 결합에 대한 고찰

[259 (20-1)]
만약 인因과 연緣들의
결합으로부터 (결과가) 생겨나고
(바로 그) 화합에 결과[果]가 (이미) 존재한다면
어떻게 (그) 화합으로부터 (새로운 결과가) 생겨나겠는가?

[260 (20-2)]
만약 인因과 연緣들의
결합으로부터 (결과가) 생겨나고
(바로 그) 결합에 결과[果]가 존재하지 않는다면
어떻게 (그) 결합으로부터 (결과가) 생겨나겠는가?

[261 (20-3)]
만약 인因과 연緣들의
결합에 결과[果]가 존재한다면
(그) 결합 속에서 파악되어야 한다. (그러나) 논리적으로 (살펴보아도)
(그) 결합 속에서 (결과는) 파악되지 않는다.

[262 (20-4)]

만약 원인[因]과 연緣들의

결합에 결과[果]가 존재하지 않는다면

(그) 원인[因]들과 연緣들은 또한

인연이 아닌 것[非因緣]과 같아진다.

[263 (20-5)]

만약 바로 그 원인이 결과에

원인(이 되는 것)을 주고 소멸한다면

어떤 주는 것과 (다른) 어떤 소멸하는

원인의 (그) 자기 자신[svātmān, 本性]은 두 가지로 된다.

[264 (20-6)]

만약 바로 그 원인이 결과에

원인(이 되는 것)을 주지 않고 소멸한다면

원인이 소멸하는 것으로부터 생겨난

그 결과들은 원인이 없는 것[無因]이 된다.

[265 (20-7)]

만약 결합과 함께

결과도 역시 생긴다면

발생을 행하는 것과 (그) 어떤 발생 대상이

같은 시간[同時]에 (존재하는) 과실過失이 된다.

[266 (20-8)]

만약 결합 이전에

결과가 생겨났다면

원인[因]과 연緣들이 존재하지 않는

결과로, (그것은) 원인 없이[無因] 발생하는 것이 된다.

[267 (20-9)]

만약 원인[因]이 소멸되어 결과(로 된다)면

바로 그 원인[因]은 모두 (결과로) 이전移轉된 것이리라.

(그렇다면) 이전에 생겼던 것의 바로 그 원인[因]이 또

다시 생기는 과실過失이 된다.

[268 (20-10)]

(이미) 소멸하여 사라짐으로써

결과를 생기게 하는 것이 어떻게 (다시 결과를) 발생하겠는

가?

결과와 (그것이 있게 했던) 그 결과의 원인[因]이 (소멸하여

사라지지 않고)

머물러 있어도 마찬가지로 어떻게 (다시 결과를) 발생하겠는가?

[269 (20-11)]

만약 원인[因]이 결과와 관련이 없다면

어떻게 (그것이) 결과를 발생하겠는가?

바로 그 원인[因]은 볼 수 있거나[現] 또는 볼 수 없는

결과를 발생할 수 없다.

[270 (20-12)]

(이미 발생한) 과거의 결과가 (이미 발생한) 과거의 원인[因]과

(아직) 발생하지 않은 (미래의 원인[因])과 (현재의) 발생한 (원인[因])과

동시에 접촉하는 것은

결코 존재하지 않는다.

[271 (20-13)]

(현재의) 발생한 결과가 (아직) 발생하지 않은 (미래의) 원인[因]과

(이미 발생한) 과거(의 원인[四])과 (현재의) 발생한 (원인[四])과

동시에 접촉하는 것은

결코 존재하지 않는다.

[272 (20-14)]

(아직) 발생하지 않은 (미래의) 결과가 (현재의) 발생한 원인과

(아직) 발생하지 않은 (미래의) 원인[四]과 (이미 발생한) 과거(의 원인[四])와

동시에 접촉하는 것은

결코 존재하지 않는다.

[273 (20-15)]

접촉하는 것이 존재하지 않는다면

바로 그 원인[四]에 의해서 결과가 어떻게 발생하겠는가?

접촉하는 것이 존재할지라도 또한

바로 그 원인[四]에 의해서 결과가 어떻게 발생하겠는가?

[274 (20-16)]

만약 결과에 의해서 공空한 원인[四]이라면

어떻게 (그것이) 결과를 발생한 것이라 할 수 있겠는가?

만약 결과에 의해서 공^空하지 않은 원인이라면

어떻게 (그것이) 발생한 것이라 할 수 있겠는가?

[275 (20-17)]

공^空하지 않은 결과는 생겨나지 않고[不生]

공^空하지 않은 (그것은) 사라지지도 않는다[不滅].

(그러므로) 바로 그 공^空하지 않는 것[결과]은 사라지지 않고
[不滅] 그리고

발생하지 않는[不生] 것으로도 될 것이다.

[276 (20-18)]

(그러나) 공^空한 것이 어떻게 생겨나고[生]

공^空한 것이 어떻게 사라지겠는가[滅]?

(그러므로) 공한 그것[결과]이 또한 사라지지 않고[不滅] 그리
고

발생하지 않는다는[不生] 것도 또한 과실^{過失}이 된다.

[277 (20-19)]

'원인[因]과 결과가 같다[동일성]'라는 것은

결코 옳지 않다.

'원인[因]과 결과가 다르다[상이성]'라는 것은
결코 옳지 않다.

[278 (20-20)]
'원인[因]과 결과가 같다[동일성]'면
발생하는 대상과 발생하는 작용이 하나로 된다.
'원인[因]과 결과가 다르다[상이성]'면
(그) 원인[因]과 원인이 아닌 것[非因]이 같아지게 된다.

[279 (20-21)]
결과에 자성自性이 존재한다면
바로 그 원인[因]이 어떻게 발생을 행할 수 있겠는가?
결과에 자성自性이 존재하지 않는다면
바로 그 원인[因]이 어떻게 발생을 행할 수 있겠는가?

[280 (20-22)]
(지금) 발생을 행하고 있는 것이 아니라면
'(바로 그) 원인[因] 자체'라는 것은 옳지 않다.
(바로 그) 원인[因] 자체가 옳지 않다면
(그것이 어떻게) 그 어떤 결과의 (원인[因])이 되겠는가?

[281 (20-23)]
바로 그 원인[因]들과 연緣들의
어떤 결합이 있어, 바로 그것[결합]에 의해서, 즉
자기 자신에 의해서 자기 자신이 발생하지 않는다면
어떻게 (그것이) 결과를 발생시키겠는가?

[282 (20-24)]
그러므로 결합이 짓는 것[결과]은 존재하지 않는다.
결합이 짓지 않는 결과도 (또한) 존재하지 않는다.
결과가 존재하지 않는다면
(원인[因]과) 연緣의 결합이 어떻게 존재하겠는가?

'(인과 연의) 결합을 살펴보는 것'이라 불리는 제20품.

제21품 발생과 소멸에 대한 고찰

[283 (21-1)]
소멸은 발생이 없든
(발생과) 함께 (있든) 존재하는 것이 아니다.
발생은 소멸이 없든
(소멸과) 함께 (있든) 존재하는 것이 아니다.

[284 (21-2)]
소멸, 발생이 존재하지 않는 바로 그것이
도대체 어떻게 존재할 수 있겠는가?
(그것은 마치) 태어나지도 않는 것이 죽는 것과 (같다.)
(그러므로) 발생이 존재하지 않는 소멸은 존재하지 않는다.

[285 (21-3)]
소멸이 발생과 함께
어떻게 존재하겠는가?
(왜냐하면) 죽음은 태어남과 동시에
존재하는 것이 아니(기 때문이다).

[286 (21-4)]
발생, 소멸이 존재하지 않는 바로 그것이
어떻게 존재할 수 있겠는가?
(왜냐하면) 사태들에게 무상함은
결코 존재하지 않는 것이 아니(기 때문이다).

[287 (21-5)]
발생이 소멸과 함께
어떻게 존재할 수 있겠는가?
(왜냐하면) 태어남은 죽음과 동시에
존재하는 것이 아니(기 때문이다).

[288 (21-6)]
어떤 것이 서로 함께 또는
서로 함께 (하는 것이) 아닐 때
성립이 존재하는 것이 아니었는데
그 둘의 성립이 어떻게 존재하겠는가?

[289 (21-7)]
영원히 다하는 것[永盡]의 발생은 존재하지 않는다.
영원히 다하지 않는 것[不盡]의 발생도 존재하지 않는다.

영원히 다하는 것[永盡]의 소멸은 존재하지 않는다.
영원히 다하지 않는 것의 소멸도 존재하지 않는다.

[290 (21-8)]
사태가 존재하지 않는
발생과 소멸은 존재하지 않는다.
바로 그 발생과 소멸이 존재하지 않는
사태는 존재하지 않는다.

[291 (21-9)]
공空한 것에 있어서 발생과 소멸들은
옳은 것 자체가 아니다.
공空하지 않은 것[不空]에 있어서도 발생과 소멸들은
옳은 것 자체가 아니다.

[292 (21-10)]
바로 그 발생과 소멸들이
동일한 것 자체[同一性]라는 것은 옳지 않다.
바로 그 발생과 소멸들이
상이한 것 자체[相異性]라는 것도 옳지 않다.

[293 (21-11)]

'바로 그 발생과 소멸들이

보인다'(라는) 생각을 그대가 마음 (속에 품고 있다)면

(그것은) 바로 그 발생과 소멸들이

(그대의) 어리석음[痴, 迷妄] 때문에 (그렇게) 보이는 것이다.

[294 (21-12)]

사태[시]는 사태[시]로부터 생겨나지 않는다.

사태[시]는 사태가 아닌 것[~시]으로부터 생겨나지 않는다.

사태가 아닌 것[~시]은 사태가 아닌 것[~시]으로부터 생겨나지

않는다.

사태가 아닌 것[~시]은 사태[~시]로부터 생겨나지 않는다.

[295 (21-13)]

사태는 자신으로부터 생겨[自生]나지 않고

다른 것으로부터 생겨[他生]나지 않는다.

자신과 다른 것으로부터 생겨나는 것이

아니라면, (도대체) 어떻게 (그것들이) 생겨나겠는가?

[296 (21-14)]

사태가 존재한다고 인정하면

바로 그것은 상견常見과 단견斷見으로 (빠지는)
과실過失이 된다. 왜냐하면 바로 그 사태가
항상하거나 무상한 것으로 되기 때문이다.

【문】

[297 (21-15)]

사태가 존재한다고 인정해도
단(견)이 되는 것도 아니고 상(견)이 되는 것도 아니다.
(왜냐하면) 결과는 원인[因]의 발생과 소멸의
그 상속相續이 계속되는 것[輪回]이기 때문이다.

【답】

[298 (21-16)]

결과가 원인[因]의 발생과 소멸의
그 상속相續이 계속되는 것[輪回]이라면
(이미) 소멸한 것에는 다시 발생이 없기 때문에
바로 그 원인[因]이 (결과와) 끊기는[斷滅] 과실過失이 된다.

[299 (21-17)]

사태에 자성自性이 존재한다면
사태가 존재하지 않게 되는 것은 불합리하다.

또한 열반에 들 때면 소멸이, (즉)

계속되는 것[輪廻]의 상속이 완전히 그치기[寂靜] 때문에 (불합리하다).

[300 (21−18)]
(생이) 궁극적으로 소멸되었다면
맨 처음의 계속되는 것[輪廻]은 옳지 않게 된다.
(생이) 궁극적으로 소멸되지 않았을 때
맨 처음의 계속되는 것[輪廻]은 옳지 않게 된다.

[301 (21−19)]
(만약 생이) 소멸하는 동안
바로 그 맨 처음의 생이 발생한다면
바로 그 소멸하는 동안의 어떤 (생)이 되는 것과
발생하는 동안의 (생)은 또한 다른 것이 된다.

[302 (21−20)]
만약 소멸 중인 (것과) 발생 중인 것들이
동시에 (있는 것)도 또한 합당한 것이 아닐 때
어떤 (오)온蘊에서 죽게 되는 것과
그것에서 생하는 것이 또한 발생하겠는가?

[303 (21-21)]

그와 같이 삼세三世들에도

바로 그 계속되는 것[輪回]의 상속이 불합리하다면

삼세三世들에 존재하지 않는 어떤 것이, (즉)

바로 그것이 어떻게 계속되는 것[輪回]의 상속이겠는가?

'발생과 소멸을 살펴보는 것'이라 불리는 제21품.

제22품 여래如來에 대한 고찰

[304 (22-1)]

(1) (여래는) (오)온이 아니고 (2) (오)온과 다른 것도 아니다.

(3) 그것(여래)에는 (오)온이 존재하지 않고 (4) 그것(오온)
에는 그것(여래)이 존재하지 않는다.

(5) 여래는 (오)온을 갖지 않는다. (이와 같은데)

무엇이 여래이겠는가?

[305 (22-2)]

만약 부처님께서 (오)온에

의지한다면 (바로 그) 자성 때문에 존재하지 않게 된다.

바로 그 자성 때문에 존재하지 않는 것이

어떻게 존재하겠는가?

[306 (22-3)]

무엇이든 다른 사태에 의지하기 때문에

그것이 자성自性을 (가지고 있다는 것은) 옳지 않다.

(바로) 그 자성을 가지고 있지 않은[無自性] 어떤 것이

어떻게 여래가 되겠는가?

[307 (22-4)]

만약 자성이 존재하지 않는다면

타성他性은 어떻게 존재하겠는가?

바로 그 자성과 타성他性들을

떠나서 그 여래는 무엇(이겠는가)?

[309 (22-6)]

만약 (오)온에 의지[緣]하지 않는

어떤 여래가 존재했어도

바로 그는 (존재하는) 그 순간부터 (오온에) 의지[緣]하게

된다. 그리고

그 의지함을 통하여, (바로 그렇게) 되는 것으로 (오온을)

얻을[取] 것이다.

[309 (22-6)]

(오)온들에 의지하지 않는

어떤 여래도 존재하지 않는다.

의지하지 않는 어떤 것도 존재하지 않는데

바로 그것[의지하지 않음]으로부터 어떻게 (여래가 오온을) 취取

하겠는가?

[310 (22-7)]

취取하지 않는 것은 (존재하는 것이) 아니다.

취取하지 않는 것은 어떻게 (해도 존재하는 것으로) 되지

않는다.

취取함이 존재하지 않는

여래 또한 어떻게 (해도) 존재하지 않는다.

[311 (22-8)]

바로 그 다섯 가지 방법으로 살펴보아도

그 어떤 동일성同一性과 상이성相異性이

존재하지 않는 그 여래가

취取하는 것에 의해서 어떻게 파악되겠는가?

[312 (22-9)]

무엇이든, 그 취取하는 것

바로 그것은 자성自性으로 존재하는 것이 아니다.

자신의 사태[自性]로 존재하지 않는 어떤 것이

저 다른 사태[他性]로 존재하는 것은 결코 (가능하지 않다).

[313 (22–10)]

그와 같이 취取하는 것과 취하는 자(의)

모든 성격[一體相]은 공空하다.

그 공空한 것에 의한 공空한 여래가

어떻게 파악되겠는가?

[314 (22–11)]

'공하다'라고 말할 수 없고

'공하지 않다'라고 (말)할 수 없고

'둘이다'와 '둘이 아니다'라고 (말)할 수 없다.

(이것들은 오직) 시설施設할 목적으로 말하는 것이다.

[315 (22–12)]

항상恒常하거나 무상無常하다는 등의 네 (가지)가

이 적정寂靜(한 진리)에 어떻게 존재하겠는가?

(세상의) 끝이 있거나[有邊] 끝이 없다[無邊]는 등의 네 (가지)가

이 적정(한 진리)에 어떻게 존재하겠는가?

[316 (22–13)]

어떤 자가 '여래는 존재한다'라는

집착을 확고하게 갖춘 자로 완전히 된다면
바로 그는 열반에 든 자[여래]에 대해서
'(여래는) 존재하지 않는다'라는 분별 망상을 행할 것이다.

[317 (22-14)]
바로 그 (여래의) 자성이 공하기 때문에
부처님께서 열반에 (드신) 이후
'존재한다'거나 '존재하지 않는다'라는
생각은 결코 옳지 않다.

[318 (22-15)]
(세간의) 사람들은 부처님께서는 (이미) 희론을 넘어섰고
다함이 없는데도[不滅] 희론을 행한다.
희론이, 모든 것을 악화시키는 (바로) 그것이
여래를 보지 못하게 한다.

[319 (22-16)]
여래의 자성自性이 무엇이든
바로 그것이 세간 (중생)의 자성이다.
여래의 자성은 존재하지 않는다.
세간 (중생)의 자성(도) 존재하지 않는다.

'여래如來를 살펴보는 것'이라 불리는 제22품.

제23품 전도顚倒에 대한 고찰

【문】

[320 (23-1)]

(부처님께서는) 탐욕[貪]·성냄[瞋]·어리석음[癡] 등(의)
(삼독은) 분별로부터 발생한다고 말씀하셨다.
(이것들은) 정淨과 부정不淨, (그리고) 전도顚倒에
연緣한 것 자체[緣起性]로부터 모두 발생한다.

【답】

[321 (23-2)]

어떤 것들, (즉) 정淨과 부정不淨 그리고
전도顚倒로부터 의지하여[緣] 발생하는[起] 것(들),
그것들은 자성 때문에 존재하지 않는 것이다.
그러므로 번뇌煩惱는 진실로 존재하지 않는 것이다.

[322 (23-3)]

자신[我]의 존재성과 비존재성, 바로 (그런 것들은)
어떤 방식으로도 성립하지 않는다.
그것들이 존재하지 않는다(면), 번뇌들의 바로 그

존재성과 비존재성이 어떻게 성립하겠는가?

[323 (23-4)]
'이 번뇌(들)은 누군가의 (것[我所])이다'(라는)
그것도 역시 성립하지 않는다.
(왜냐하면) 그 어떤 자가 존재하지 않기 때문에. (그러므로)
누군가의 (것)이라는
(그) 번뇌들은 존재하지 않는다.

[324 (23-5)]
유신견有身見(이 논파되는 것)처럼 번뇌들은
번뇌를 가진 자를 (대상으로) 다섯 가지 방법으로 (살펴보
아도) 존재하지 않는다.
유신견有身見(이 논파되는 것)처럼 번뇌를 가진 자는
번뇌라는 것을 (대상으로) 다섯 가지 방법으로 (살펴보아
도) 존재하지 않는다.

[325 (23-6)]
정淨과 부정不淨 그리고 전도顚倒가
바로 그 자성으로 존재하지 않는다면
정淨과 부정不淨 그리고 전도顚倒가

의지하여[緣] (발생하는[起]) 그 번뇌라는 것들이 (어떻게)
존재하겠는가?

【문】

[326 (23-7)]

'색色 · 성聲 · 향香과 미味와

촉觸과 법法 등의 바로 그 여섯 가지

바탕[六入處], 그것이 탐욕[貪](과) 성냄[瞋] 그리고

어리석음[癡]의 바로 그 (바탕)이다'라고 분별되었다.

【답】

[327 (23-8)]

색色 · 성聲 · 향香과 미味와

촉觸과 법法 등, 그것은 다만

건달바성과 같고

신기루나 꿈과 같다.

[328 (23-9)]

환술로 생긴 아이와 같고

그림자 같은 그것들에

바로 그 정淨과 부정不淨이 (의지하여[緣])

발생하는[起] (번뇌라는 것도) 마찬가지로 어떻게 (가능하게) 되겠느냐?

[329 (23-10)]
'어떤 것에 의지하여[緣] 정淨한 것이다'라는 말은
결합되는 대상이 부정不淨하다(는 뜻이다).
정淨한 것에 의지하지 않는[부정(不淨)한] 것은 존재하지 않는다.
그러므로 정淨한 것(이라는 정의는) 옳지 않다.

[330 (23-11)]
'어떤 것에 의지하여[緣] 부정不淨한 것'이라는 (말은)
결합되는 대상이 바로 정淨하다(는 뜻이다).
부정不淨한 것에 의지하지 않는[정(淨)한] 것은 존재하지 않기 때문에,
그러므로 부정不淨한 것(이라는 정의는) 옳지 않다.

[331 (23-12)]
정淨한 것이 존재하지 않는다면
탐욕[貪]이 존재하는 것이 어떻게 (가능하게) 되겠느냐?
부정不淨한 것이 존재하지 않는다면

성냄[瞋]이 존재하는 것이 어떻게 (가능하게) 되겠느냐?

[332 (23-13)]

만약 '무상無常에 항상恒常이 (존재한다)'라는 것,

그와 같은 집착이 전도된 것이라면

'공空에 무상無常이 존재하지 않는다'라는 것,

(이와 같은) 집착이 어떻게 전도된 것이겠는가?

[333 (23-14)]

만약 '무상無常에 항상恒常이 (존재한다)'라는 것,

그와 같은 집착이 전도된 것이라면

'공空에 무상無常이 존재한다'라는 것,

(이와 같은) 집착도 또한 어떻게 전도된 것이 아니겠는가?

[334 (23-15)]

1) 어떤 것으로 집착하는 것[집착 수단]과 2) 어떤 집착과

3) 집착하는 자와 4) 그 어떤 (집착의 대상이) 되는 것[집착
대상]은

모두 적멸한 적정寂靜이다.

그러므로 집착은 존재하지 않는다.

[335 (23-16)]

그릇되거나 진실되거나
집착이 존재하지 않는다면
누구에게 전도가 존재할 것이며
누구에게 전도가 아닌 것[비전되]이 존재하겠는가?

[336 (23-17)]

(이미) 전도된 자에게
전도들은 가능하지 않다.
(아직) 전도되지 않은 자에게(도)
전도들은 가능하지 않다.

[337 (23-18)]

(지금) 전도 중인 자에게
전도들은 가능하지 않다.
(이와 같은데) 누구에게 전도가 가능한지
자기 스스로 자세히 살펴보아라!

[338 (23-19)]

전도들이 발생하지 않았다면
어떻게 존재하게 되겠는가?

전도들이 발생하지 않았다면[無生]
전도된 자가 어떻게 존재하겠는가?

[339 (23-20)]
사태는 자신으로부터 생겨[自生]나지 않고
다른 것으로부터 생겨[他生]나지 않는다.
(자기) 자신과 다른 것으로부터도 (생겨나지) 않는다면
전도된 자가 어떻게 존재하겠는가?

[340 (23-21)]
만약 아我와 정淨과
상常과 락樂이 진실로 존재하는 것이라면
아我와 정淨과 상常과
락樂은 전도된 것이 아니다.

[341 (23-22)]
만약 아我와 정淨과
상常과 락樂이 진실로 존재하지 않는다면
무아無我 · 부정不淨 · 무상無常 그리고
고苦는 존재하지 않는다.

[342 (23-23)]

그와 같이 전도가 사라지기[滅]에

무명無明도 사라지게 된다.

무명無明이 사라지면

행行 등도 사라지게 된다.

[343 (23-24)]

만약 어떤 자의 번뇌가

어떤 자성들에 의해서 존재한다면

어떻게 (그것이) 없어지겠는가?

(그리고) (그) 존재하는 것을 누가 없앨 수 있겠는가?

[344 (23-25)]

만약 어떤 자의 번뇌가

어떤 자성들에 의해서 존재하지 않는다면

어떻게 (그것이) 없어지겠는가?

(그리고) (그) 존재하지 않는 것을 누가 없앨 수 있겠는가?

'전도顚倒된 것을 살펴보는 것'이라 불리는 제23품.

제24품 (사四)성제聖諦에 대한 고찰

【문】

[345 (24-1)]

만약 이 모든 것들이 공空하면

발생하는 것[生](도) 없고 사라지는 것[滅](도) 없다.

(그러므로) 사성제들 (또한)

그대에게 존재하지 않는 과실過失이 (발생하게) 된다.

[346 (24-2)]

사성제가 존재하지 않으면

1) 완벽하게 아는 것[見] 2) (번뇌를) 끊음[斷]과

3) 깨달음의 증득[證]과 4) 수행[修] 등(도)

옳지 않게 된다.

[347 (24-3)]

그것들이 존재하지 않으면

사과四果 또한 존재하지 않는다.

(사)과가 존재하지 않는다면 (사)과위[果位, 住果]는 존재하지 않는다.

(그리고) 그에 들어가는 것(사향[四向])들도 또한 존재하지 않는다.

[348 (24-4)]
만약 이 여덟(을 갖춘) 사람[八賢聖],
그들이 존재하지 않는다면 승가僧伽도 존재하지 않는다.
(사)성제들이 존재하지 않기 때문에
정법正法도 또한 존재하지 않는다.

[349 (24-5)]
법法과 승가僧伽가 존재하지 않는다면
부처님이 어떻게 존재하겠는가?
그와 같은 (그대의) 언급, (즉) 공성空性을 말한다면
삼보三寶를 훼손하는 것(이다).

[350 (24-6)]
(즉, 그와 같은) 행위는 결과[果]의 존재와
법이 아닌 것[非法]의 존재와 법의 존재와
세간의 언설[名言], 바로 (이)
모든 것들을 또한 훼손하는 것이다.

【답】

[351 (24-7)]

그것[공성]에 대해서 (그렇게) 말하는 바로 그대는

공성空性의 목적과 공성空性과

바로 (그) 공성空性의 의미를 알지 못하기 때문에,

(바로) 그 때문에 그와 같이 (공성을) 훼손하는 것이다.

[352 (24-8)]

부처님들께서 (행하신) 법에 대한 가르침[敎法]은

이제二諦에 근거를 두고 있다.

세간의 진리[俗諦]와

수승한 의미의 진리[眞諦]다.

[353 (24-9)]

어떤 이들이 그 두 (가지) 진리의

구별에 대해서 이해하지 못한다(면)

그들은 바로 그 부처님께서 가르쳐주신 것[佛法](의)

심오한 (진리) 그 자체를 이해하지 못한다.

[354 (24-10)]

바로 그 (세간의) 언어에 의지하지 않고서는

진제眞諦는 가르쳐질 수 없다.
바로 그 진제眞諦를 알지 못하고서는
열반은 얻어지지 않는다.

[355 (24-11)]
공성에 대해서 그릇된 견해[邪見]를 (갖는다)면
조그만 지혜들마저도 파괴된다.
마치 뱀을 잘못 잡은 것이거나
그릇된 주술呪術을 성취하는 것과 같이.

[356 (24-12)]
그러므로 (근기가) 약한 이(들)이 이 (수승한) 법의
(심오함을) 철저히 깨닫기 어렵다는 것을 아셨던
능인能仁의 바로 그 마음 (때문에) 교법敎法으로부터
(공성에 대한 가르침이) 매우 후퇴하게 되었던 것이다.

[357 (24-13)]
오류를 계속해서 (짓게) 되는 것은
'공空을 옳지 않은 것이다'라고 (여기는)
바로 그대(의) 공성空性을 파괴하는 행동 (때문이다.)
(그러므로) 그 어떤 (비난도) 나에게는 옳지 않다.

[358 (24-14)]

어떤 것에 공성空性이 타당하다면

그것에는 모든 것이 타당하다.

어떤 것에 공성空性이 타당하지 않다면

그것에는 모든 것이 타당하지 않다.

[359 (24-15)]

바로 그대는 자신의 오류들을

나에게 완전히 전가하는 행위를 (하고 있다.)

말을 이미 타고 있으면서

말 자체를 잊는 것과 같이.

[360 (24-16)]

만약 사태들이 자성으로부터

존재한다고 (그대가) 간주한다면[見]

그와 같다면, 사태들에

인연因緣이 존재하지 않는다고 그대는 간주하는 것이다[見].

[361 (24-17)]

(그와 같은 견해는) 과果와 연緣 자체들과

행위자와 행위와 (행위의) 대상(과)

생기는 것[生]과 사라지는 것[滅]과

(그) 과果도 또한 훼손한다.

[362 (24–18)]

연기緣起인 그것

바로 그것을 공성空性이라고 말한다.

바로 그것에 의지하여[緣] 시설施設된 것[假名]

그 자체가 바로 중도中道이다.

[363 (24–19)]

왜냐하면 의지하여[緣] 발생하지[起] 않는

어떤 법도 존재하지 않기 때문이다.

그러므로 공空하지 않는

어떤 법도 존재하지 않는다.

[364 (24–20)]

만약 이 모두가 공空하지 않으면

발생하는 것[生](도) 없고 사라지는 것[滅](도) 없다.

(그러므로) 사성제들 (또한)

그대에게 존재하지 않는 과실過失이 (발생하게) 된다.

[365 (24-21)]

만약 의지하여[緣] 발생하지[起] 않는다면

고苦가 존재하는 것이 어떻게 (가능하게) 되겠느냐?

"무상無常한 것은 고苦이다"라고 (부처님께서) 말씀하셨다. 왜냐하면

(무상한 것에는) 자성 자체가 존재하지 않기 때문이다.

[366 (24-22)]

바로 그 자성에 의해서 (고苦가) 존재하지 않는다면

무엇이 집集으로 되겠는가?

그러므로 공성을 훼손하는 것에는

집集이 존재하지 않는다.

[367 (24-23)]

고苦가 자성으로 존재하는 것에서

멸滅은 존재하지 않는다.

바로 그 (고의) 자성이 온전히 유지되기 때문에

(그것은) 멸滅을 파괴한다.

[368 (24-24)]

도道에 자성이 존재한다면

수행修行은 옳지 않게 된다.
만약 그 도道가 수행하는 것이라면
그대의 자성은 존재하지 않는다.

[369 (24-25)]
만약 고苦(와) 집集 그리고
멸滅이 존재하지 않는다면
도道로 바로 그 고苦를 멸하는 것을
어느 누가 얻기[證得] 바랄 수 있겠는가?

[370 (24-26)]
만약 자성 그 자체로
완벽하게 아는 것[見]이 아니라면
바로 그것이 어떻게 완벽하게 아는 것[見]으로 되겠는가?
자성이란 (변하지 않고 항상) 머문다(는 뜻이) 아닌가?

[371 (24-27)]
바로 그와 같이 그대의
1) (번뇌를) 끊음[斷]과 2) 깨달음의 증득[證]과
3) 수행[修]과 4) 사과四果들도 또한
완벽하게 아는 것[見]처럼 불가능하다.

[372 (24-28)]

자성을 완전히 집착하는 자의

과果의 자성 바로 그 자체는

(아직) 얻지 못한 그 어떤 것인데

어떻게 (그것을) 얻는 것이 가능하겠는가?

[373 (24-29)]

(사)과가 존재하지 않는다면 (사)과위[果位, 住果]는 존재하지 않는다.

(그리고) 그에 들어가는 것(사향四向)들도 또한 존재하지 않는다.

만약 이 여덟(을 갖춘) 사람[八賢聖]

그들이 존재하지 않는다면 승가僧伽도 존재하지 않는다.

[374 (24-30)]

(사)성제들이 존재하지 않기 때문에

정법正法도 또한 존재하지 않는다.

법法과 승가僧伽가 존재하지 않는다면

깨달은 자[佛]가 어떻게 존재하겠는가?

[375 (24-31)]
(만약 존재한다면) 그대의 깨달은 자[佛]는 깨달음[菩提]에
의지하지 않아도 되는 과실過失이 (발생하게) 된다.
(또한) 그대의 깨달음[菩提]이 깨달은 자[佛]에
의지하지 않아도 되는 과실過失이 (발생하게) 된다.

[376 (24-32)]
그대의 (주장대로) 바로 자성 자체로 인해서
깨달은 자[佛]가 아닌 누군가가 있다(면) 그는
깨달음의 수행[菩提行]으로 깨닫기 위해
노력해도 (결코) 깨달음을 얻을 수 없다.

[377 (24-33)]
또한 어떤 이도 법法과 법이 아닌 것[非法](을)
결코 (분별하여) 행할 수 없다. 왜냐하면
공이 아닌 것에 무슨 행할 것[행위]이 있겠는가?
바로 그 자성에는 (어떤 것도) 행할 수 없기 때문이다.

[378 (24-34)]
(만약 그렇다면) 법法과 법이 아닌 것[非法]이 존재하지 않아도
과果가 그대에게 존재하는 것으로 된다.

(그리고) 법法과 법이 아닌 것[非法]의 원인[因]으로 생겨난
과果가 그대에게 존재하지 않는 것으로 (된다.)

[379 (24-35)]
법法과 법이 아닌 것[非法]의 원인[因]으로 생겨난
과果가 만약 그대에게 존재한다면
법法과 법이 아닌 것[非法]의 원인[因]으로 생겨난
과果가 어떻게 공이 아닌 것[不空]이겠는가?

[380 (24-36)]
연기緣起인
공성을 훼손하는 것이 무엇이든
세간의 언설[名言], 바로 (그것이)
모든 것들을 또한 훼손하는 것이다.

[381 (24-37)]
공성을 훼손한다면
행할 대상도 존재하지 않게 되고
짓는 것도 존재하지 않는 행위가 되고
행하지도 않는 행위자가 된다.

[382 (24–38)]

자성이 존재한다면 중생들은

태어나지도 않고[不生] 죽지도 않고[不滅]

영원히 머물게[常住] 될 것이다. 그리고

다양한 (중생들의) 상태는 없어지게 될 것이다[離].

[383 (24–39)]

만약 공이 존재하지 않는다면

(아직) 얻지 못한 것을 얻으려는 행위와

고苦를 없애려는 행위와

모든 번뇌를 (없애려는 행위)도 또한 존재하지 않는다.

[384 (24–40)]

어떤 자가 연기를

보는 자(라면), 그는 고苦와

집集과 멸滅과

도道 그 자체를, 그것들을 보는 자이다.

'성스러운 진리를 살펴보는 것'이라 불리는 제24품.

제25품 열반에 대한 고찰

【문】

[385 (25-1)]

만약 이 모든 것들이 공空하다면

생겨나는 것[生]도 존재하지 않고 사라지는 것[滅]도 존재하지 않는다.

(만약 그렇다면) 어떤 것의 제거[斷]나 소멸[滅]로부터

(누가) 열반을 바랄 수 있겠는가?

【답】

[386 (25-2)]

만약 이 모든 것들이 공空하지 않다면

생겨나는 것[生]도 존재하지 않고 사라지는 것[滅]도 존재하지 않는다.

(만약 그렇다면) 어떤 것의 제거[斷]나 소멸[滅]로부터

(누가) 열반을 바랄 수 있겠는가?

[387 (25-3)]

제거됨도 없고[不至] 얻어짐도 없고[不得]

그침도 없고[不斷] 항상함도 없고[不常]

소멸함도 없고[不滅] 생겨남도 없는[不生]

바로 그것을 '열반'이라고 부른다.

[388 (25-4)]

무엇보다 먼저, 열반은 사태[사]가 아니다.

(만약 열반이 사태라면,) 노사老死의 상相을 (지니는) 과실過失

이 (발생하게) 된다.

(왜냐하면) 늙음[老]과 죽음[死]이 없는

사태는 존재하지 않기 (때문이다).

[389 (25-5)]

만약 열반이 사태[사]라면

열반은 지어진 것[有爲]이 되리라.

지어지지 않은[無爲] 사태는

언제 어디서나 존재하지 않는다.

[390 (25-6)]

만약 열반이 사태[사]라면

어떻게 그 열반이 의지하지[取] 않고 (존재)할 수 있겠는가?

의지하지 않는 사태는

언제 어디서나 존재하는 것이 아니다.

[391 (25-7)]
만약 열반이 사태가 아니라면
비사태非事態[~A]를 (파악하는 것이) 어떻게 가능하겠느
냐?
어떤 것에, (즉) 열반이 사태가 아닌 것에
(바로) 그것에, 비사태非事態[~A]는 존재하는 것이 아니다.

[392 (25-8)]
만약 열반이 사태가 아니라면
어떻게 그 열반이 의지하지[取] 않고 (존재)할 수 있겠는가?
무엇이든 의지하지 않는
비사태非事態[~A]는 존재하는 것이 아니다.

[393 (25-9)]
(생사를) 오고 가는 사태는
의지[取]하거나 연緣하는 어떤 것이다.
(그러나) '바로 그 의지하지도 않고 연하지 않는 것이
열반이다'라고 교시되었다.

[394 (25-10)]

'생기는 것[生]과 사라지는 것[滅]들을

끊으라'[斷]고 스승님께서는 말씀하셨다.

그러므로 바로 그 열반이

사태도 아니고[~A] 비사태非事態,도 아닌 것[~(~A)]은 (매우)

합리적이다.

[395 (25-11)]

만약 바로 그 열반이

사태[A]와 비사태非事態[~A], 이 둘이라면 (그리고)

(이) 사태와 비사태非事態[~A]들에 (의해서)

해탈하게 된다면, 그것은 불합리한 것이다.

[396 (25-12)]

만약 바로 그 열반이

사태[A]와 비사태非事態[~A], 이 둘이라면

열반은 독립적이지 않게 된다.

(왜냐하면) 이 둘은 의존하여 (존재하는 것)이기 때문이다.

[397 (25-13)]

어떻게 바로 그 열반이

사태[A]와 비사태非事態[~A], 이 둘이겠는가?

열반은 지어진 것이 아니(고)[無爲]

사태[A]와 비사태非事態[~A]는 지어진 것[有爲]인데!

[398 (25-14)]

어떻게 열반에

사태[A]와 비사태非事態[~A], 이 둘이 존재하겠는가?

그 둘은 한 곳에 존재하는 것이 아니다. 왜냐하면

(이 둘은) 빛과 어둠과 같기 때문이다.

[399 (25-15)]

'사태가 아닌 것[~A]과 비사태가 아닌 것[~(~A)]이

열반이다'라는 어떤 언급은

사태가 아닌 것[~A]과 비사태가 아닌 것[~(~A)]들이

(먼저) 성립하는 경우, 바로 그 경우에만 성립하게 된다.

[400 (25-16)]

(그러나) 만약 바로 그 열반이

사태가 아닌 것[~A]과 비사태가 아닌 것[~(~A)]이라면,

"(열반은) 사태가 아닌 것[~A]과 비사태가 아닌 것[~(~A)]이다"라는

누군가의 바로 그 (말)이 (어떻게) 언표될 수 있겠는가?

[401 (25-17)]
'세존께서는 열반에 드신 후에도
존재한다'라고 언표되지 않는 것처럼
'존재하지 않는다'라는 것도 (존재하거나 존재하지 않는다
는) '이 둘도
(존재하지 않거나 존재한다는) 이 둘이 아니다'라는 것도
또한 언표되지 않는다.

[402 (25-18)]
'세존께서 (이 세간에) 머물러 계실 때에도
존재한다'라고 언표되지 않는 것처럼
'존재하지 않는다'라는 것도 (존재하거나 존재하지 않는다
는) '이 둘도
(존재하지 않거나 존재한다는) 이 둘이 아니다'라는 것도
또한 언표되지 않는다.

[403 (25-19)]
윤회는 열반과 비교하여
조그만 차이도 존재하지 않는다.

열반은 윤회와 비교하여

조그만 차이도 존재하지 않는다.

[404 (25-20)]

열반의 끝이 무엇이든지 간에

바로 그것이 윤회의 끝이다. 왜냐하면

이 둘의 바로 그 조그만 차이에는

어떤 미세한 틈[極微細]도 존재하지 않기 때문이다.

[405 (25-21)]

1) 어떤 것의 입멸入滅, 2) 어떤 것에서의 (양)변邊 등과

3) 항상[常] 등의 견해[見]들은

(A) 열반과 (B) 후後의 변邊과

(C) 전前의 변邊에 의지한다.

[406 (25-22)]

모든 사태가 공한 곳에서

무엇이 유변有邊[A]이겠는가? 무엇이 무변無邊[~A]이겠는가?

(그리고) 무엇이 유변무변有邊無邊[A and ~A]이겠는가?

(또한) 무엇이 비유변비무변非有邊非無邊[~A and ~(~A)]이겠는가?

[407 (25-23)]

무엇이 동일하다는 것[同一性]이겠느냐? 무엇이 다르다는 것
[相異性]이겠느냐?

무엇이 항상하는 것[常, A]이겠느냐? 무엇이 항상하지 않는
것[無常, ~A]이겠느냐?

무엇이 항상하고 항상하지 않는 것[A and ~A], 이 둘이겠느냐?

이 둘 (항상하지도 않고 무상하지도) 않은 것[非常非無常, ~A
and ~(~A)], 또한 무엇이겠느냐?

[408 (25-24)]

모든 (인식) 대상이 적멸寂滅한 것, 그리고

희론戲論이 적멸한 것이 (열반)적정이다.

부처님에 의해서 어디서도

누구에게도 (이것에 대한) 그 어떤 법도 교시되지 않았다.

'열반을 살펴보는 것'이라 불리는 제25품.

제26품 십이연기十二緣起에 대한 고찰

[409 (26-1)]
무명無明에 덮인 자는 다시 (오는) 후생後生을 위해서
세 가지 행行들을 (짓고)
(그는) 이전[前生]에 (지은) 어떤 행行의
그 업業들에 의해서 (육)취趣를 떠돈다.

[410 (26-2)]
행行에 연緣한 것인 식識은
(육)취趣들로 들어간다.
식識이 자리를 잡으면
바로 그 명名과 색色이 나타난다.

[411 (26-3)]
바로 그 명名과 색色이 나타나면
육처六處가 발생한다.
육처六處에 의존하여
완벽한 촉觸이 발생한다.

[412 (26-4)]

눈[眼]과 색色과 주의력注意力에

의지하여 생기는 것이 오직 그것[眼識]이듯,

그와 같이 명名과 색色에 의지하여

식識이 생겨난다.

[413 (26-5)]

눈[眼]과 색色과 식識,

(이) 셋이 어떻게든 화합하는 것,

바로 그것이 촉觸이다. 바로 그 촉觸으로부터

모든 수受가 발생한다.

[414 (26-6)]

수受에 연緣하여 애愛가 (발생한다.) 왜냐하면

받아들인[受] 대상을 갈애渴愛하기 때문이다.

(누군가) 갈애渴愛된 것으로부터 취取할 (때)

네 가지 취取가 (형성)된다.

[415 (26-7)]

취取가 존재하면 취하는 자[取者]의

모든 유有, 존재가 발생한다.

만약 취取함이 없는 자라면

해탈하여 존재하지 않을 것이다.

[416 (26-8)]

그 유有가 곧 오온五蘊이다.

바로 그 유有로부터 생生, 태어남이 발생한다.

노사老死와 비애[悲哀]와

비통悲痛과 고苦와

[417 (26-9)]

근심(걱정)과 (마음의) 혼란 등

그것들은 (모두) 생生으로부터 발생한다.

그와 같이 바로 그 고통의 모음[苦蘊],

오직 이것만 발생하게 된다.

[418 (26-10)]

윤회의 뿌리[根]는 짓는 것[行]이다.

그 때문에 현자들은 (그것들을) 짓지 않는다.

그 때문에 어리석은 자는 (그것들을) 짓는 자이다.

현자는 그 여실한 모습을 보기[觀] 때문에 (그것들을 짓지

않는다).

[419 (26-11)]

무명無明이 사라진다면

모든 행行은 발생하지 않는다.

바로 그 무명無明이 사라지는 것은

지혜로 (십이연기) 그 자체를 수행하는 것으로 (이루어진

다).

[420 (26-12)]

바로 이것이 그렇게 사라지므로

바로 저것이 그렇게 나타나지 않는다.

오직 고苦뿐인 온蘊[苦蘊],

바로 그것도 그렇게 완전히 사라진다.

'십이연기十二緣起를 살펴보는 것'이라 불리는 제26품.

제27품 그릇된 견해[邪見]에 대한 고찰

[421 (27-1)]

'1) (나는) 과거에 존재했다. 2) 존재하지 않았다'라는 것과

'3) 세간은 항상하다'라는 것 등의

어떤 견해[見], 바로 그것들은

이전의 끝[過去世]에 의존하는 것이다.

[422 (27-2)]

'4) (나는) 다른 미래에 존재한다.

5) 존재하지 않는다. 6) 세간은 끝이 있다'라는 것 등의

어떤 견해[見], 바로 그것들은

이후의 끝[未來世]에 의존하는 것이다.

[423 (27-3)]

'과거에 (나는) 존재했었다'라는

바로 그런 언급은 옳지 않다.

이전의 시간들에 어떤 존재했던 것,

바로 그 자체가 바로 (지금) 이 (시간에 존재하는 나는)

아니다.

[424 (27-4)]

(그대가 과거의 나라는) 그 자체를 (지금의) 나[自我]라고
생각할지라도

취하는 것[取]이 다르다.

취하는 것[取]을 배제한

그대의 바로 그 나[自我]에는 무엇이 있겠는가?

[425 (27-5)]

취하는 것[取]을 배제한

나[自我]가 존재하지 않는 것일 때

취하는 것[取]이 나[自我]라면

그대의 바로 그 나[自我]는 존재하지 않는 것이다.

[426 (27-6)]

취하는 것[取, 五取蘊] 자체는 나[自我]가 아니다.

그것[取]은 생겨나고[生] 사라지는[滅] 것이다.

(바로 그와 같은데) 취하는 것[取]이 어떻게

(항상하는) 취하는 자[取者, 自我]이겠는가?

[427 (27-7)]

바로 그 나[自我]라는 것과 취하는 것[取]이

다른 것이라는 것(도) 옳은 것 자체가 아니다.

만약 다른 것이라면 취하는 것[取]이 아닌

(다른) 포착이 존재하는 것이 합리적이겠으나 (그런) 포착은 존재하지 않는다.

[428 (27-8)]

그와 같이 (나[自我]라는 것이) 취하는 것[取]과 다른 것이 아니다.

(그리고) (나[自我]라는) 그 자체가 취하는 것[取] 자체와 (같은 것)도 아니다.

바로 그 나[自我, 五取蘊者]는 취하는 것[取]이 존재하지 않는 것도 아니다[~A)].

(그리고) (나[自我]가) 존재하지 않는 것 자체, 그것 또한 아니다.

[429 (27-9)]

‘과거에 (나는) 존재하지 않았다’라는

바로 그런 언급도 또한 옳지 않다.

이전의 시간들에 어떤 존재했던 것,

그로부터 (지금) 이 (시간에 존재하는 나는) 다르지 않기 때문이다.

[430 (27-10)]

만약 바로 이 (생의 내)가 (이전 생의 나와) 다르다면

그 (이전 생의 내가) 존재하지 않아도 (이 생의 내가) 존재하
게 된다.

(만약) 그와 같다면, 바로 그 (이전 생은 나는 영원히) 머물
게 되고

거기에서 죽지 않고 (이 생에는) 태어나게 된다.

[431 (27-11)]

(또한) 1) 단멸斷滅과 2) (자기가 지은) 업業들이 쓸모없어지
는 것과

3) 다른 자가 지은 바로 그 업業들을

(그가 아닌) 다른 자가 각각 겪어야 되는 것과 (같은)

그런 것 등의 과실過失이 (발생하게) 된다.

[432 (27-12)]

(이전에) 존재하지 않았던 것으로부터 발생하는 것이 아니
다. 왜냐하면

이것에는 오류가 (되는) 과실過失이 (발생하기) 때문이다.

바로 그 나(自我)라는 것이 1) (이전과 상관없이 발생하게)

되거나

2) (새로) 발생하거나 3) 원인 없이[無原因] (발생하는 것이)
된다.

[433 (27-13)]

그와 같이 '나는 과거에 존재했었다. 존재하지 않았다.

(존재했거나 존재하지 않았다는) 이 둘도, (존재하지 않았
거나 존재했다는) 이 둘이 아니다'라는 것 (등)

과거에 대한 견해[見]는 무엇이 되었든

바로 그것은 옳지 않다.

[434 (27-14)]

'미래에 (나는) 존재하겠는가?'와

'존재하지 않겠는가?'라는 것,

(이와 같은) 견해[見]는 그 무엇이 되었든, 바로 그것들은

과거(에 대한 견해)와 같다.

[435 (27-15)]

만약 저 천신天神이 저 인간이라면

바로 그렇다면, (그들은) 항상하게 될 것이다.

(그러므로) 바로 그 천신天神은 태어나지 않는 자 자체로

될 것이다. 왜냐하면

　항상하는 것은 생기는 것[發生]이 아니기 때문이다.

[436 (27-16)]

　만약 천신과 사람이 다르다면

　바로 그렇다면, (그들은) 무상無常하게 될 것이다.

　(그리고) 만약 천신과 사람이 다른 것이라면

　바로 그 상속相續은 옳지 않게 된다.

[437 (27-17)]

　만약 일부가 천신이고

　일부가 인간이라면

　(그에게) 항상한 것과 무상한 것이 (함께 있는 꼴이) 된다.

　(그러므로) 그것 또한 옳지 않다.

[438 (27-18)]

　만약 (그에게) 항상한 것과 무상한 것이 (함께 있는 것),

　(이) 둘이 성립한다면

　(그에게) 항상한 것도 아니고 무상한 것도 아닌, (즉 이

둘이 아닌 것이)

　성립하는 것도 받아들여야[取] 된다.

[439 (27–19)]

만약 누군가 어디 어디에서

와서 어디론가 간다면,

그 때문에 윤회는 시작이 없는 것[無始]이

되겠으나 바로 그런 경우는 존재하지 않는다.

[440 (27–20)]

만약 어떤 항상하는 자가 존재하지 않는다면

1) 어떤 무상자가 존재하는 것,

2) 항상하면서 무상한 자와

3) 이 둘이 사라진 것이 (어떻게 존재하겠는가?)

[441 (27–21)]

만약 세간의 끝이 존재한다면[有邊]

다음 세간[後世]이 어떻게 존재할 수 있겠는가?

만약 세간의 끝이 존재하지 않는다면[無邊]

다음 세간[後世]이 어떻게 존재할 수 있겠는가?

[442 (27–22)]

왜냐하면 (오)온들의 상속相續

바로 이것은 등불의 불꽃과 같기 때문이다.

그러므로 (세간의) 끝이 존재한다는 것이나

(세간의) 끝이 존재하지 않는다는 것도 또한 불합리한 것이다.

[443 (27-23)]

만약 이전의 (오온이) 사라지고[滅]

그 (오)온에 의지하여[緣]

바로 저 (이후의) (오)온이 발생하지 않는다면

그렇다면, 세간의 끝은 존재하게 되리라.[有邊]

[444 (27-24)]

만약 이전의 (오온이) 사라지지 않고[滅]

그 (오)온에 의지하여[緣]

바로 저 (이후의) (오)온이 발생하지 않는다면

그렇다면 세간의 끝은 존재하지 않게 되리라.[無邊]

[445 (27-25)]

만약 일부는 끝이 존재하는데

일부는 끝이 존재하지 않는다면

세간의 끝은 존재하는 것[有邊]과 존재하지 않을 것[無邊]이

(함께 있는 꼴이) 된다.

(그러므로) 그것 또한 옳지 않다.

[446 (27-26)]

어떻게 취하는 자의

일부는 사라지고[滅]

일부는 사라지지 않겠는가?

그와 같이 바로 그것은 불합리한 것이다.

[447 (27-27)]

어떻게 취하는 것의

일부는 사라지고[滅]

일부는 사라지지 않겠는가?

그와 같이 그것도 또한 불합리한 것이다.

[448 (27-28)]

만약 유변무변有邊無邊[A and ~A]

바로 이 둘이 성립한다면

비유변비무변非有邊無邊[~ A and ~(~A)](도)

성립해야 되지만 (그것은) 불합리한 것이다.

[449 (27-29)]

달리 말해 모든 사태들이

공空한데 항상하다는 등의 견해[常見]가

1) 어떤 자들에 (의해서) 2) 어떤 것에 대해서[대상, 所緣] 3)
무엇으로

4) 어떻게 모두 발생하겠는가?

【회향문】

[450 (27-30)]

그분은 (크나큰) 자비심을 갖추셨기에

모든 견해[邪見]를 제거하기 위하여

바로 그 정법正法을 가르쳐주신 분,

그 가우따마[부처님]에게 (저는) 경배하옵니다.

'(그릇된) 견해[邪見]를 살펴보는 것'이라 불리는 제27품.

오늘, 왜 중도철학이 필요한가?[1]

들어가며

게송 하나

연기緣起인 그것

바로 그것을 공성空性이라고 말한다.

바로 그것에 의지하여[緣] 시설施設된 것[假名]

그 자체가 바로 중도中道이다.

— 졸역, 용수, 『중론』, 「제24품. (사四)성제聖諦에 대한 고찰」,

[362 (24-18)]번 게송.

• •

1. 『불교평론』 2020년 봄호(81).

장면 1

"부처님은 무슨 화두를 드셨습니까?"

간화선이 제일의 수행 방법이라는 간화선 제일주의를 비판할 때 종종 등장하는 질문이다. 물론 부처님께서 화두를 들었다는 이야기는 들어본 적 없다. 한국 스님들과 티벳 스님의 대담 중에 '간화선'이 단박에 깨칠 수 있다는 한 한국 스님의 주장에 두 귀를 쫑긋하며 듣던 티벳 스님의 "그럼, 여기 계신 한국 스님들이 모두 깨달으신 분들인가요?"라는 질문에 하나같이 침묵을 지키더라는 장면은 뒤따라 나오는 이야기다.

장면 2

"이번 명상 모임에서는 먹을 게 너무 많아서 좋았습니다."

어떤 명상 프로그램에 참석한 후, '나누기'라는 후기 때 직접 들은 이야기다. '좋았다, 인상적이었다, 다음에 또 참석하겠다.'라는 상호 상승효과를 불러일으키다 '먹을 게 많아서 좋았다.'라는 인상평마저 나왔다. 서로 함께한 시간을 비롯해 자기 삶의 여법함, 즉 계율에 따른 삶을 살았는지에 대한 반성이라는 기본 축이 배제된 가운데 나온 결론은 '먹어야 산다.'라는 절대 명제였고 '잘 먹어서 좋았다.'였다. 지켜야

할 목표가 없으니 당연히 나올 수 있는 '나누기'였다.

'게송 하나'는 중관학자들에게 익숙한 『중론』, 「제24품. (사四)성제聖諦에 대한 고찰」, [362 (24–18)]번 게송이다. 그리고 '장면 1, 2'는 비대칭적인 것이다. 이 세 가지가 가리키는 지점, 그 어디 즈음엔가 '오늘, 왜 중도철학이 필요한가?'라는 질문의 답이 숨어 있을 것이다.

만약 이 답을 찾는 작업이 대칭적인 것이라면 문제는 훨씬 쉽게 풀린다. 중관학파의 견해에서 보자면, A에 대한 부정인 '~A'와 쌍을 만들어 'A and ~A'라는 대립항을 상정하면 되기 때문이다. 그렇지만 이와 같은 논의는 오직 '언어의 추상화'를 다루는 논리적 부분에서나 조그만 효과가 있을 뿐이다.

이 '숨어 있는 답'을 찾기 위해서는 비대칭적인 파편들의 숲을 한 걸음 더 깊숙이 걸어 들어가 볼 필요가 있다. 우리가 살아가야만 하는 이 그침 없이 변화하는 세계, 즉 연기 실상의 세계는 다양한 담론의 홍수 속에서 자신이 필요한 이론만 끄집어내는 방식으로 이루어져 있기 때문이다. 복잡한 이 세계를 극도의 추상화 작업을 통해 개념, 정의 등으로 다루는 것이 논리로 이루어진 이론이다. 이것은 '연기인 바로 그것을 공성'이라는 게송 1, 2행의 언급이나 '총체성totality'이라는 개념을 통해서 충분히 설명할 수 있는 것이다. 불법의 근간이 되는 연기법을 먼저 상정하고 논의를 진행할 것인지, 아니면

서구 철학의 '총체성'이라는 개념을 사용할지는 선택사항이지만 비대칭적 층위들이 쌓여 있는 현실적인 문제를 다루어야 한다는 점은 같다. 그리고 필자는 후자에 대한 어떤 깊이 있는 논의를 끌고 갈 준비가 되어 있지 않음을 인정하며 전자의 관점에서만 이 주제를 다룰 예정이다.

이것은 먼저 여러 층위를 이르고 있는 살아 움직이는 현실의 문제를 불교의 교학 체계 핵심인 중도의 의미와 이 관점을 통해서 살펴보겠다는 뜻이다. 그렇지만 이 작업을 수행하기 위해서는 먼저 '오늘'이라는 시간의 문제를 좀 더 살펴볼 필요가 있다.

고苦가 언제나 현재적이듯, 이 '오늘'도 언제나 현재적이다. 이것은 '시대의 아들'인 우리 인간이 가진 기본적인 문제로, 붓다의 법에 따라 살겠다는 서원의 대상인 불법을 가르쳐주신 붓다 또한 시대의 아들이었다. 이 당대의 문제를 직시하고자 하는 자세는 언제나 유효하다. 그렇지만 시대의 '축적'을 통해서 전통이라는 이름으로 하나의 큰 흐름을 형성하게 되면 그 누구도 여기서 벗어날 수는 없다. 빼놓을 수 없는 것은 '이 문제'는 보는 자의 관점에 따라 무수한 변주를 울린다는 점이다.

예를 들어, 초등학교 교실에 놓인 책상과 의자라는 대상을 살펴보자. 초등학교 입학 때 낯설게, 그리고 크게 느껴졌던 그 책상과 의자가 성인이 된 이후에 같은 느낌으로 다가오지는 않을 것이다. 이처럼 고정된 대상도 인식 주체의 변화에 따라 달리 느껴진다. 변화하는 인식 대상을 변화하는 인식 주체가 논해야 하는 문제를 인정하고 '오늘'이라는 특정한 시간 속에서 '중도철학'을 논할 때, 전통적 교의의 현재화라는 방법은 조그만 합의점을 제공해 준다.

'고통에서 벗어남!'

붓다의 가르침인 불법은 기본적으로 출세간을 지향한다. 이것이 세간의 일에 대한 무관심이나 회의懷疑를 뜻하지 않음에도 불구하고 불교를 마치 탈속적인 그 무엇으로 오해한다. 그러므로 '중도철학'을 다루는 이 작업은 오늘날 우리가 직면한 한국 사회의 여러 문제에 대한 적확한 진단을 요구한다. 이 진단이 '중도철학'이라는 하나의 창을 통해서 얼마나 선명하게 드러날 것인지는 알 수 없으나, 최소한 불교의 교학적 측면에서 중도의 의미를 조금이나마 명증하게 밝히고, 이 관점에 따른 오늘날 한국 사회가 처한 갈등과 치유의 문제에 대한 성찰의 기회를 제공해 줄 것이다.

이 글을 위해서는 아니지만, 지난해 하반기부터 조계종

화쟁위원장인 도법 스님과 서너 차례 불교의 교학과 중도의 실천에 대한 문제로 대화를 나눈 적이 있었다. 그 가운데 발견된 첫 상이점은 '화쟁和諍'이라는 이름 아래 중도의 실천을 강조할지라도 '어떤 중도'를 뜻하는 것인지에 대한 다른 이해였다. 바로 이것이 '부처님이 들지 않으셨던 화두' 대신에 '대승적 실천'을 위해 온몸으로 부대끼며 '8할의 비난'을 들어야 하는 노스님과의 대화에서 발견된 문제인지라, 먼저 중도의 의미부터 명확하게 하고자 한다.

불교적 중도란 무엇인가?

비유로 들자면, 중관사상은 수학에서의 양만 표시하는 스칼라scalar가 아닌 운동성을 포함한 벡터vector다. 달리 말해서, 만약 어떤 이가 자성을 가진 실체svabhāva를 인정한다면, 용수는 상호연관성pratītya, 원인hetu, 조건pratyaya 등을 통해 이를 비판한다. 또한 만약 어떤 이가 자성이 없는 비실체asvabhāva를 주장한다면, 만약 실체가 없다면 어떻게 비실체를 말할 수 있느냐고 비판하는 것이 그 오의이다. … 양자 사이에서의 타협을 뜻하는 중도가 아닌 양자, 즉 상견론자(실유론자)와 단견론자(회의주의·무신론자·쾌락주의 등)들을 모두 맹렬하게 공격하던 중관파의 시조

용수와 그의 정신적인 아들 아리아데바 그리고 여타 중관파 스승들의 치열한 삶과 죽음은 이 점에서 기계적 발상에서의 타협의 중도가 아닌 중도를 이끌기 위한 치열한 비판 의식과 실천이 낳은 비극적인 결과라 하겠다.

—졸저, 『용수의 사유』, pp. 126~127.

무엇보다 먼저 불교적 중도[2]란 보수도 아니고 진보도 아닌, 좌도 아니고 우도 아닌 어떤 절충을 뜻하는 정치적 중앙파[3]와 는 아무런 상관관계도 없다는 점을 명확하게 할 필요가 있다. 즉, 불교적 중도는 정량적正量的이 아닌 정향적正向的인 것이다.

'여기서 말하는 중도는 '가운데의 길'이 아니라 '양극단에

· ·

2. 중도(中道)는 산스끄리뜨어 '마디아 마르그(madhya marg)'를 직역한 것으로, 실제로 이 중도를 강조하는 한역 경전권의 불교와 달리 인도 전통을 강조하는 티벳 불교에서는 '보리도(菩提道)', 즉 '깨달음의 길'을 강조한다.

　　초기 경전에서 팔정도가 곧 중도임을 밝힌 것은 초기불전연구원의 각묵 스님의 공로가 크다. 여기서는 논의가 번잡해질 수 있어, 불교적 중도를 팔정도 의 중도와 일체 무자성의 관점에서 '연기=공=중도'를 다루는 것에 대해서는 별도로 논의하지 않겠다.

3. 영국의 식민지였던 인도를 독립의 길로 이끌었던 간디의 무저항 비폭력 운동은 정치적 중앙파와 다른 자세로 시사하는 바가 있다. 당시 간디는 영국의 최고 협력자인 인도인 고위 관료에게 '자신이 속한 그 자리에서 인도 독립을 위해 자신이 할 수 있는 일을 하라.'고 강조했다. 정치적 견해나 계급적 위치를 먼저 나누고, 즉 보수나 진보라는 가치와 반대파를 기본 조건으로 상정하고 논의를 진행하는 정치적 중앙파와 달리, 인도인이라면 추구해야 할 하나의 공통 목표와 배제 대신 동참할 수 있는 세심한 배려를 갖추었던 간디의 자세는 구체적인 극복의 체제를 상정하는 중도의 실천행과 닮은 꼴이기 때문이다.

대한 비판'을 의미한다. 따라서 중관논리는 흑과 백의 양극단을 비판하는 논리이다. 다시 말해 이분법적二分法的으로 작동하는 우리의 논리적 사유思惟를 비판하는 논리가 바로 중관논리인 것이다.'[4]

한국의 중관학자라면 모두 상석을 양보하는 김성철도 '양극단에 대한 비판'이 곧 중관논리임을 명확하게 언급하고 있다. 그의 '역설의 논리'나 '사실 위배의 오류' 등을 통한 『중론』 해석보다 더욱 깊숙이 들어가 이제론二諦論에 입각하여 연기실상의 세계를 언설로 표현하는 순간 반영을 이루는 개념·정의 등에서 문제가 발생하는 점을 지적하지만, 즉 언어 자체가 가진 한계를 지적하지만, 이 비판 정신만은 깊게 공유한다.

'위치, 속도, 힘 등과 같이 크기와 방향성을 갖는 물리량'인 벡터와 같은 중도를 상정하면, 불교적 실천은 어느 쪽도 아닌 중도를 '향한toward' 실천행만 남게 된다. 이 '기울어진 운동장'을 평평하게 만드는 실천행으로써 중도는 붓다의 지혜를 상징하는 문수보살이 들고 있는 양날이 날카로운 취모리검吹毛利劍처럼, 번뇌의 인과를 알고 그것을 끊는 날 서린 비판 의식과 함께한다. 바로 이것이 양견兩見, 또는 양극단兩極端에 대한

· ·
4. 자세한 내용은 김성철, 『역설과 중관논리』, pp. 7~8 참조.

비판을 뜻하는 중도의 개념으로 그 첫 번째는 단견론자(회의
주의·무신론자·쾌락주의 등)에 대한 비판이다.

간단하게 말하자면 (열반이) 없다는 견해에서는

업業의 과보가 없다고 합니다.

복덕도 없다고 (하니) 악취惡趣에 빠집니다.

"(그래서) 바로 그것이 악견惡見, 邪見이다."라고 말씀하셨습니
다.

— 졸역, 용수, 『보행왕정론』, 「제1 선취안락품善趣安樂品」,

[43 (1–43)]번 게송.

달라이 라마의 대중 강연용으로 종종 사용하는 『보만론寶鬘
論』[5]에는 불법에 대한 '믿음과 지혜'를 강조한[6] 후, 먼저 단견

• •

5. 이 책은 한역 대장경에 포함된 『보행왕정론』과 같은 책이다. 한국보다 먼저
현대의 티벳 불교를 접한 대만 쪽 학자들이 티벳 불교에 등장하는 '린첸 땡외(rin
chen phreng ba)'의 산스끄리뜨어 원문인 『Ratnāvalī(또는 Ratnamāla)』를 해제하여
'보배로운 목걸이', 영문의 『Precious Garland』를 뜻하는 『보만론(寶鬘論)』이라
부르기 시작한 것이 이후 한국의 연구자들에게도 그대로 통용되어 오늘날도
이 책을 『보만론』이라 부르고 있다.

6. 그것에는 선취의 기쁨과
안락한 해탈을 바라는 것이 (있습니다.)
그것의 성취를 정리하자면
간단하게 말해 믿음[信]과 지혜입니다.
— 같은 책, [4 (1–4)]번 게송.

을 논파하고 있다. 이것은 인도 문화의 근간인 '자기가 지은 것은 자기가 받는다[자업자득]'라는 까르마^{karma}, 즉 업業이 죽음이라는 시간의 축을 관통할 수 있는지에 대한 문제와 직접적인 관련이 있다. '죽으면 다 끝난다.'라는 자세로 한 생의 덧없음에 고개를 숙이는 회의주의와 이 한 생만이라도 제대로 놀아보려는 쾌락주의는 동전의 다른 면이다. 그리고 이 '죽음'을 관통해야만 업의 이론은 의미가 있으며, 이것이 바로 윤회의 이론적 배경이다. 이 점에서 '자업자득은 믿어도 윤회는 믿지 않는다.'라는 표현은 '죽으면 다 끝나는' 단견론적 견해로 업의 이론에 대한 왜곡일 뿐이다. '죽어봐서' 윤회를 아는 것이 아니라, 이런 이론적 배경 속에서 업과 윤회는 떼려야 뗄 수 없는 관계를 맺고 있다.

과학기술·의학의 발달과 맞물려 이 죽음을 뒤로 미루는 장수長壽가 이루어졌을지언정 죽음을 피해갈 수는 없다. 그렇지만 이전의 인류가 경험해보지 못한 이 새로운 상황은 과학을 과신하게 한다. 군집 생활을 하며 매머드를 사냥하던 초기 인류나 지금의 인류가 본질적인 생로병사의 고苦, suffering라는 문제를 해결하지 못하고 있음에도 의학의 발달이 가져온 통증pain의 제거와 완화를 고의 제거로 간주한다. 이때 과학은 과신을 넘어 맹신으로까지 나아가며 과학적 잣대만 진리의 척도인 것으로 격상된다.

엄밀하게 말하자면 수학이나 과학에서 필요한 증명proof만이 올바른 논리적 판단이 아님에도, 과학에 대한 과신은 다른 비非-과학적인 판단자들을 옳지 않은 것으로 취급한다. 그리고 믿음, 신행, 기원 등의 생활 척도를 부차적인 문제로 만드는 과학적 판단자에 대한 과신은 곧장 단견론의 끝판왕인 '돈이면 다 된다.'라는 물질만능주의와 배금주의, 그리고 자기만 잘살면 된다는 이기주의로 이어진다.

이런 시대정신을 배격, 극복하기를 바라는, 즉 인간의 보편적인 가치를 중요하게 여기는 자세와 업과 윤회를 인정하는 불교적 세계관 사이에는 '점선'으로 이어진 공유할 수 있는 어떤 '지점'이 존재한다.

'1인 2종교 사회'라고 강조할 수 있을 만큼 다종교 사회인 한국의 수도 서울의 한복판인 광화문에는 태극기와 성조기, 심지어 이스라엘기를 들고 '깃발 페티쉬'를 선보이는 복음주의자들이 있다. 바로 이들처럼 '예수 천당 불신 지옥'을 강조하는 자들이 바로 상주론자들이다. 불교의 교학은 고정불변하는 아뜨만ātman, 즉 아我가 있다는 것을 주장하는 브라흐만교를 비판하며 '이것이 있으므로 저것이 있다. …'는 연기법을 근간으로 탄생하였다. 과장하자면 불교 교학은 이 상견론적 견해를 비판하면서 오늘날 우리가 알고 있는 이론의 정교화를 이루었다.

오늘날의 단견론자들과 불교적 중도를 실천하고자 하는 자들 사이에 공통 지점을 찾을 수 있는 것처럼, '죽어서 천국이나 지옥으로 가는' 믿음을 가진 '고정불변하는 자아ego, soul' 등이 있다고 믿는 상견론자들 사이에서도 공통 지점을 찾아낼 수 있다. 이 '공통 지점'에 대한 논의에 앞서 빠뜨리지 말아야 할 부분은 아我를 비판하는 무아無我 이론을 강조하는 불교 교학 '밖의 풍경'이다.

기원전 5세기 무렵 인도에서는 전통적인 브라흐만교의 교학에 반기를 든 자유사상가들인 리쉬ṛṣi, 仙人들의 활동기로, 이 일대 변혁기는 업과 윤회에 대한 각자의 견해에서부터 창조주인 브라흐만brāhmaṇa과 자아인 아뜨만에 대한 관계까지 자신의 이론을 자유롭게 개진하던 시대였다. 이 시대의 리쉬들은 전통적인 교리인 '진리의 말씀'이라는 『베다Veda』의 해석인 『우빠니샤드Upaniṣad』를 통해서 『베다』에 대한 자신들의 독특한 해석을 이루었다.

이 시대의 가장 대표적인 논쟁은 '자신이 지은 것을 자신이 반드시 받느냐?'라는 문제였다. 달리 말해, 이때는 인과의 성립을 인정하는 쪽과 부정하는 쪽 사이의 격한 대립의 시대였다. 그리고 그 대립의 결과로 인과의 성립을 부정한 쪽은 인도 사상계에서 영원히 추방되었다. 바로 그들이 제대로 된 논의마저도 남기지 못한 채, 오직 비판의 대상으로만 언급

되고 있는 업을 부정하는 자인 로가야타路迦耶陀, Lokāyata, 順世外道, 즉 짜르바까Cārvāka다. 전통적인 브라흐만교가 불교와 육사외도라는 외적 충격을 흡수하며 힌두교로 변화하는 과정에서도 불교는 동물 희생제 등을 배격하면서도 불에 대한 숭배를 용인하는 등의 타협점을 찾으려 했다. 이런 '안의 풍경', 즉 인도 사상사가 아뜨만ātman, 즉 고정불변한 속성을 가진 영혼 등이 죽음 이후에도 존재하는가에 대한 구체적인 논쟁의 시대였기에 '밖의 풍경'은 논할 가치조차 없었다. 그렇지만 오늘날의 시대정신은 '밖의 풍경'이 아닌 '안의 풍경' 가운데 정중앙에 있다.

이것은 정향적正向的인 중도를 '향한toward' 실천행은 오늘날 우리 인류가 직면한 여러 문제를 해결하기 위한 극복의 테제로써 작동할 때, 현대의 단견론을 있게 한 과학적 세계관을 안티 테제로 상정하게 한다. 이 지점, 즉 과학적 세계관이라는 'A'라는 하나의 테제를 상정하고 그것을 부정, 극복하는 것, 즉 '~A'가 오늘날 중도철학의 실천행이다.[7] 그리고 이 실천행

●●

7. 요즘 유행하는 말로 하면, 이것은 '과학의 과잉' 정도로 부를 수 있겠다. 중도라는 좌표를 찍는 정향적인 자세를 갖추었을지라도 현실의 주요 문제에 대한 자세는 대승의 자비심을 근간으로 해야 한다. 이것은 인도-티벳 전통에서 강조하는 '깨달음의 길', 즉 보리도가 중도의 실천행이며 그것의 첫 단추는 육바라밀다의 첫 번째인 '나눔, 베풂' 등을 뜻하는 보시행이다. '더불어, 함께' 사는 삶이라는 실천 테제를 이루기 위한 삶, 즉 불교의 실천 테제는 사법인(四法印)의 마지막은

또한 극단을 배제하는 가운데 이루어져야 마땅하다.

시대정신의 공통분모—공동체의 선과 어머니 지구 가이아^{Gaia}의 문제

이번 생의 이전이나 죽음 이후마저도 논리적으로 설명해야 하는 인도 논리학은 증명이 필요한 과학적 세계관과 그 전제조건 자체가 다르다. 특히 '고통에서 벗어남'이라는 실천 테제를 중심으로 직조된 불교의 교학적 체계는 성인의 가르침마저도 진리로 인정할 것을 강조하는 성언량^{聖言量, āgama 또는} śabda을 올바른 논리적 판단자라고 강조한다. 이것은 증명을 요구하는 과학적 세계관에서 상상할 수 없는 일이다.

이런 기본적인 차이가 존재함에도 당대의 한 생, 즉 이번 생의 문제에 대해서는 '이미 알고 있는 것을 통하여 아직 모르는 것을 알아가는' 지적^{知的} 경로는 같다. 이 지점에서 과학적 세계관의 발전은 전통적 교의인 연기법을 토대로 세계와 나를 해석하고자 하는 불교보다 훨씬 더 능동적인 자세로 세계를 해석한다. 그리고 그 결과로 현생 인류는 이전

• •

열반적정, 요즘 말로 하면 마음의 평온을 찾기 위한 인과를 명확히 파악하는 지혜, 그 이상의 것이 아니다.

인류가 상상할 수도 없을 만큼의 물질적 풍요를 누릴 수 있게 되었다.

유발 하라리는 그의 대표적인 저작 『사피엔스』에서 인간이라는 종의 고유한 특징을 갖춘 것은 직립보행의 결과였다고 주장한다. 그의 주장에 따르자면, 우연히 시작한 직립보행이후, 산도産道가 줄어들어 신생아가 좁은 산도를 통과하기위해서는 미발달한 뇌를 가지고 태어날 수밖에 없게 되었으나 공동체의 공동 육아 시스템 속에서 생존 정보를 습득하는 뇌가 발달하게 되었다고 한다. 이 첫 한 걸음이 고유한 DNA에따르는 다른 종들과 달리 자신의 의지에 따라 자연을 개조할수 있을 만큼 지적 발전을 이룬 것이다.[8] 원시인류부터 공동체에 의해서만 생존할 수 있는 조건을 물려받은 것이 현생인류로, '축의 시대Axial Age'[9]를 관통하면서 다른 조건 속에서정형화한 것이 오늘날까지 이어져 오고 있다.

••

8. 인류의 역사를 통시적 관점에서 살펴보고 있는 유발 하라리는 『사피엔스』, 『호모 데우스』, 『21세기를 위한 21가지 제언』이라는 '인류 3부작'에서 과거 인류의 보편적 특징만 아니라 미래 인류의 다양한 문제들에 대해서 과학기술 발달에 따라 기술하고 있다. 그리고 그 결론에 해당하는 『21세기를 위한 21가지 제언』의 「제5부 회복탄력성」에서 교육과 명상 등을 강조하고 있다. 자세한 내용은 『유발 하라리 인류 3부작 세트』, 김영사, 2019. 참조
9. '축의 시대'는 독일 철학자 칼 야스퍼스(Karl Jaspers, 1883~1969)가 제안한 개념으로, 기원전 800년부터 기원전 200년 사이의 전 지구적인 문화, 종교 등의 역사적인 변곡점을 가리킨다.

이것은 우리가 공동체를 지향할 것인지, 그렇지 않을 것인지에 대한 선택의 문제가 아니라 우리 인류에게 '주어진' 조건이다. 우리가 어떤 시대 속에서 자신의 자유 의지에 따라 선택했다고 주장할 수 있지만, 그 선택이라는 것은 이미 선행한 여러 조건 속에서 각기 다른 변주를 울리고 있었던 셈이다.

'한국 사회의 양극단은 어디서 비롯된 문제인가?'

어떤 사회든 이 세간인 이상 문제가 없을 수 없다. 이것을 '상수'로 두고 그 해석의 '변수'를 통해 살펴볼 때, 즉 어떤 것이 오늘날 가장 근본적인 문제인가를 논할 때는 그 단면이 되는 지점을 어떤 자세로 파악할 것인지가 중요하다. 다른 것은 몰라도 '한국 사회 문제 진단을 위한 전제'는 지난 세기에 쌓인 압축 성장과 민주화에 대한 여진인 것만은 분명하다. 그리고 이것은 선행한 역사의 결과인 만큼 결코 퇴보가 아니다. 그러므로 이 '압축의 시대'가 상징하는 역사적인 과정을 긍정적인 자세로 찾아보면 될 것이다.

제일 먼저 눈에 띄는 것은 공동체의 선을 추구하고자 하는 목적의 상실이다. 이것은 '두레'라는 농촌의 공동체 정신이

해체된 이후, '잘살아보세!'라는 새마을 운동이 초가집 지붕 갈기에서 아파트 평수 늘리기 쪽으로 간 이후, 즉 급속도의 도시화, 산업화가 진행된 이후 인간성humanity의 고양을 위한 인문학humanities이 한쪽으로 밀려난 이후 지금까지 이어져 오고 있는 가장 근본적인 문제다.

익명성 속에 숨은 자들의 민낯

인류를 인류답게 만든, 즉 자연을 개조할 수 있는 지적 활동의 산물인 '뇌의 발달'이 공동 육아라는 공동체를 통해서만 생존할 수 있었던 조건에서 비롯되었음에도 산업혁명이라는 대량생산의 시대에 접어들면서 개개인을 공장 벨트 위의 부품처럼 취급하는 경향성은 극도로 강화되었다. 이 현상의 후발 주자인 한국의 압축 성장은 세계의 어떤 곳과도 비교할 수 없을 정도의 초고속으로 진행된 만큼 그에 따른 부작용도 극도로 심해졌다. 이것을 상징적으로 보여주는 것이 바로 인터넷 악플이다. 파편화된 개인이 가진 익명성은 세계 최고의 초고속 인터넷망인 5G 시대에 성적 욕망을 비롯해 온갖 부정적인 감정들을 여과 없이 쏟아내면서도 아무런 죄책감을 느끼지 않게 한다.

불교의 인과론, 즉 '내가 지은 것은 내가 받는다.'라는 선인 선과善因善果, 악인악과惡因惡果를 생각하면 익명성은 애초부터 존재할 틈이 없다. 비록 '들키지 않더라도' 자기가 내뱉은 말이나 인터넷에 쓴 악성 댓글의 업력業力은 그것을 지은 자기 자신이 받기 때문이다. 그렇지만 오늘날의 세태는 자신이 지은 일인 업을 죽음 이후까지 밀고 나가기는커녕 자신의 존재 가치마저도 사회적 옳고 그름으로 판단하는 경향성만 강화하고 있다. 사법적 위법 여부를 자신의 가치 기준으로 삼는 순간, 즉 법적 판단을 자신의 옳고 그름으로 파악하는 순간, 인간성humanity의 마지노선은 이미 임계점을 지나 인간human 존재에 대한 회의감마저 품게 한다.

세계의 해석에 대한 각기 다른 견해를 가졌음에도 인간성 의 고양이라는 같은 목표를 가진 이들이 함께할 수 있는 것은, 즉 익명성 속에 숨은 사회악에 대한 '공동의 대항 전선'은 도덕적 가치의 상실에 대항하는 것이다.

'상대를 인정하지 않고 자기주장만 내세우는' 사회현상 또한 빼놓을 수 없는 문제로, '싸워야 할 외부의 적'을 찾지 못하면 자기들끼리 다시 편을 나누어 싸우려 한다. 자신의 도덕적 가치를 자신의 내부의 기준점에 찾으려 하지 않고 '밖의 적'을 통해 찾으려 하기 때문이다.

이와 같은 문제를 해결하기 위해서는 먼저 경쟁 교육이라

고 불리는 오늘날의 교육 시스템의 재정립을 생각해볼 수
있다. 그것은 기계를 다룰 수 있는 숙련공을 마련하기 위한
자본주의 교육의 탄생 배경 이전부터 존재해왔던 인류 공동
체를 위한 것이어야 할 것이다. 그리고 이것이 바로 인문학hu-
manities의 본래 목적임을 상기할 필요가 있다.

인간이 없어져야 더 편한 어머니 지구 가이아Gaia

또한, 자연의 정복자나 착취자인 인간이 아닌 '더불어, 함
께' 사는 인간으로서 우리 종의 위치를 새롭게 정립해야 할
것이다. 이것은 지금까지 정복과 개발과 대상으로만 여겨졌
던 어머니 지구, '머더 가이아Mother Gaia'의 심각한 훼손, 파괴
에서 비롯된 문제다.

전통적인 불교적 관점에서 보자면 꽃을 피우는 씨앗과도
같은 직접적인 원인은 인因이고, 땅, 물, 햇빛 등과 같은 간접적
인 조건은 연緣으로, 이 둘이 모인 인연만이 생멸 등의 변화를
낳는다고 한다. 대승 불교에 들어와서는 이 인연을 좀 더
확대하여 주체와 대상 사이의 상호 관계까지 밀고 나가 인간
관계망까지 상호 간의 조건이 되는 '내가 곧 너!'라는 생각을
가지게 되었다. 이것이 곧 대승의 핵심 가운데 하나인 보살

사상의 자비심으로 '중생에 대한 자애와 연민Loving kindness and Compassion'이다.

비록 이와 같은 조건의 변화를 강조하였을지라도 불교의 세계관은 삼계육도에서 '일생일식一生一識', 즉 식識을 가진 유정의 전변만을 강조했을 뿐, 이것을 일체의 자연환경까지 확대하지 못했다. 이와 달리 자이나교에서는 식물에도 식이 있다고 주장한다. 그러다 보니 일부 수행자들은 불살생의 교리를 추구하기 위하여 오직 우유, 치즈, 버터 등 '신성한 암소'에서 나는 음식만 먹으며 신체에 난 털을 모두 뽑아 혹시라도 모를 이나 벼룩 등 작은 벌레를 죽이지 않으려는 극단적인 모습마저도 보인다. 그렇지만 이런 식물에도 식이 있다는 자이나교의 주장은 뿌리나 가지의 산목, 접목 등을 통해서도 성장하는 식물들의 특징 때문에 일생일식의 이론에 어긋난다. 이처럼 조건에 따른 주체의 무한 변화를 강조하는 인도 원류의 사상도 인류 생존의 기본이 되는 물과 공기와 같은 기본적인 물질들의 제한성을 크게 염두에 두지 않았다. 그리고 이것은 전시대가 낳은 모든 사유의 공통분모였다.

그렇지만 환경 재앙이라는 새로운 조건은 상상 그 너머의 것으로, 인류 전체의 생존을 위협하고 있다. 오늘날 전 세계는 지구 온난화, 숨을 쉴 수 없을 정도의 대기 오염, 미세 먼지 등 환경 문제를 비롯한 자연재해나 기상 이변 등을 피해갈 수 없는 처지에 맞닥뜨려 있다.

학부에서 환경공학을 전공한 필자는 교양 필수로 환경 생태학을 배운 적이 있었다. 인간이라는 종은 어머니 지구인 대지의 여신 '가이아Gaia'에 기생하고 충이라는 첫 시간의 충격이 아련하게 남아 있는데, 아직껏 이 '숙주와 기생충'이라는, 즉 'Host and Parasite'만큼 자연과 인간에 대한 관계를 잘 설명하는 것을 보지 못했다. 공기와 물 등 자연이 주었던 무수한 '공짜'들은 무한한 것이 아니라 대가를 치러야 하는 제한된 것이었으며, 그 대가를 치를 때는 점점 다가오고 있다. 그 결과인 '지금 아파하는 어머니 지구'라는 더는 미룰 수 없는 조건의 변화는 곧 우리 의식의 변화를 요구하고 있다.

이 변화에 탐욕, 욕망, 갈애 등 그 이름을 무엇으로 부르든 간에 인간의 욕망 그 자체가 번뇌를 일으키는 첫 번째 독毒이라고 주장하는 전통적인 불교 교학이 그다지 큰 도움을 주지 못함 또한 겸손하게 인정할 필요가 있다. 이것이 이런 시대를 살아보지 못한 '시대의 아들들'이 전 시대가 남긴 유산을 새롭게 해석해야 하고 '공동의 대항 전선'을 펼쳐야 하는 이유이다. 과학적 세계관을 따르는 이들이 직면한 우리 종의 생존 문제에 과학기술의 발달뿐만 아니라 '욕망의 절제'까지 밀고 나갈 수 있기를 바라지만 이 또한 쉽지 않다.

"네가 바뀌지 않으면 아무것도 바뀌지 않는다."

인식 주체에 따라 대상이 달리 해석되는, 즉 인식 주체의 능동성을 강조하는 '일체유심조'의 유식학의 경론 어느 구석에 나와도 이상하지 않은 이 인용은 실천하는 의사의 표본으로 유명한 이종국 아주대병원 중증외상센터장을 롤 모델로 하였다는 SBS 드라마 '닥터 김사부'에 나오는 대사다. 김사부의 전체 대사는 다음과 같다.

"진짜 복수 같은 걸 하고 싶다면, 그들보다 나은 인간이 되거라. 분노 말고 실력으로 대갚음해줘. 네가 바뀌지 않으면 아무것도 바뀌지 않는다."

복수가 아니더라도 더 나은 인간이 되기 위해서 우리는 다른 인간을 비롯해 어머니 지구를 대하는 자세부터 바꾸어야 할 것이다. '무엇이 문제인지 모르는 게 진짜 문제'이니 말이다.

나오며

유정(들이 추구하는 열반 적정이라는) 목적(을) 성취해 주는 힘은 믿음, 확고함, (정법에 대한) 환희심[喜], 그리고 (불필요한 것들을) 버리는 것[捨]입니다.

(이 가운데) 믿음은 고품의 두려움과

그것[선법]의 이익을 사유하는 것으로 생겨납니다.

— 졸역, 『입보리행론』, 「제7 정진품」, [458 (7-31)]번 게송.

『입보리행론』의 이 게송에서는 정진에 대한 믿음과 그 믿음에 대한 확고한 의지, 그리고 기뻐하는 자세[喜]와 이 길이 아닌 것들을 버릴 것[捨] 등을 강조하고 있다.

개인적으로 경론의 의미를 명확하게 밝히는 교학 불교, 불교와 뇌과학, 사회학, 서양 철학 등과 비교 연구하는 응용 불교, 그리고 현실적인 문제를 해결하는 실천 불교 등 불교의 세 가지 층위를 살아 있는 나무에 빗대고는 한다. 교학 불교는 나무의 뿌리와 같고, 응용 불교는 줄기와 가지, 그리고 실천 불교는 이 나무에서 열리는 열매와 같다는 식이다. 이와 같은 구분법을 통해 오늘날의 중도 철학을 살펴보면, 먼저 그 뿌리의 허약함이 눈에 띈다. 이론적으로 정향적인 중도는커녕 정치적 중앙파와 구분도 못 하는데 올바른 실천행이 나올 리가 없다. 이 '기울어진 운동장'을 평평하게 만드는 중도적인 삶은 언제나 '지향적'이어야 한다. 중도를 위한 무게 추의 이동, 그것이 곧 중도의 실천인 것이다.

다양한 세계관의 중첩 속에서 불교를 불교답게 하는 연기의 다른 이름인 중도는 곧 삶의 실천 테제이지만 교학 불교의 허약한 뿌리는 연기, 중도, 공사상을 현실과 한 걸음 떨어진 죽어 있는 나무나 잿빛 이론처럼 만들었다. 그리고 이 '과학의 과잉' 시대에 '욕망의 절제'는 불교적 교리의 현대화를 위해서가 아니라 환경 대재앙을 앞둔 지구라는 행성에 사는 인류라는 종의 멸절을 위해서 모두가 공감해야 할 공통분모로, 바로 당대를 사는 우리가 지금 갖추어야 할 확고한 믿음이다.

도법 스님과의 중도를 주제로 한 대화 끝에 내린 결론은 항상 깨어 있는 지혜, 즉 공성의 지혜란 얼마나 구체적이야 하는지에 대한 생각과 대승의 근간인 자애와 연민의 관통 곧 중도의 실천행으로, 이것이 곧 '게송 하나'에서 언급한 연기실상, 즉 공성을 체화하는 삶이라는 점이다. 각기 다른 조건 속에서 실천이란 진리가 구체적인 만큼 녹녹하지 않은 일이다. 그렇지만 이와 같은 '지향성'마저 잃어버릴 때 그것은 오늘날 우리가 실천하고자 하는 중도와는 아무런 상관이 없는 '담장 너머'의 일로 전락해버릴 것이다.

앞에서 언급한 '장면 1'의 그 '단박에 깨칠 수 있다.'라는 법에는 관심이 없다. 그저 '장면 2'의 결론은 아무래도 '왜 사냐?'가 아니라 '어떻게 사냐?'라는 문제를 다시 생각해보는

것 정도다. 이미 있는 어떤 문제, 바로 그것을 바로잡으려는
실천, 그것이 바로 중도의 실천행이라는 생각과 함께.

찾아보기

근본 중송

초판 1쇄 발행 | 2022년 4월 20일

지은이   용수
옮긴이   신상환
펴낸이   조기조
펴낸곳   도서출판 b | 등록 2003년 2월 24일 제2006-000054호
주 소   08772 서울특별시 관악구 난곡로 288 남진빌딩 302호
전 화   02-6293-7070(대) | 팩시밀리 02-6293-8080
이메일   bbooks@naver.com | 홈페이지 b-book.co.kr

ISBN   979-11-89898-72-4   03220
값   13,000원